象棋实战丛书

实战中局谋略攻杀

傅宝胜　编著

时代出版传媒股份有限公司
安徽科学技术出版社

图书在版编目(CIP)数据

实战中局谋略攻杀 / 傅宝胜编著. --合肥:安徽科学
技术出版社,2019.1
  (象棋实战丛书)
  ISBN 978-7-5337-7464-6

  Ⅰ.①实… Ⅱ.①傅… Ⅲ.①中国象棋-对局(棋类
运动) Ⅳ.①G891.2

中国版本图书馆 CIP 数据核字(2018)第 000291 号

实战中局谋略攻杀   傅宝胜 编著

出 版 人:丁凌云   选题策划:倪颖生   责任编辑:倪颖生 王爱菊
责任校对:沙 莹   责任印制:廖小青   封面设计:吕宜昌
出版发行:时代出版传媒股份有限公司 http://www.press-mart.com
        安徽科学技术出版社   http://www.ahstp.net
        (合肥市政务文化新区翡翠路 1118 号出版传媒广场,邮编:230071)
        电话:(0551)63533330
印   制:三河市人民印务有限公司   电话:(0316)3650588
(如发现印装质量问题,影响阅读,请与印刷厂商联系调换)

开本:710×1010 1/16   印张:9.25   字数:167 千
版次:2019 年 1 月第 1 版   2019 年 1 月第 1 次印刷

ISBN 978-7-5337-7464-6   定价:17.50 元

前　言

这是一本介绍计谋攻杀和线路攻杀实战中局战术技巧的图书。

第一章"谋略攻杀"51 例，以《孙子兵法》三十六计为主要依据，列举了"将计就计""围魏救赵""调虎离山""金蝉脱壳""浑水摸鱼""声东击西""暗度陈仓"等计谋，并把它们巧妙引用到象棋实战中来。这是一种从实战到理论的尝试，较好体现了象棋技战术的应用。其实，计谋运用千变万化，书中所列仅是管中窥豹，远不足以包罗棋艺谋略的大千世界。

第二章"战术攻杀"64 例，以突破战术为主线，主要介绍线路攻杀的棋局，试图在中路突破、侧翼突破、两翼包抄的攻杀线路中以获胜棋例为遴选对象，汇集、整理出高手在中局阶段的战法。同时，进行了分类归纳、剖析解读，以期能让读者掌握和运用攻杀技巧，从中获益。

书中不妥之处，敬请读者批评指正。

编著者　于古寿春

目　　录

第一章　谋略攻杀

象棋计谋指的是以古代兵法三十六计为主要依据的棋类技艺,它不仅适于军事战争,也同样适于象棋对弈。利用计谋攻杀就是把军事家的兵法韬略与足智多谋引用到象棋中来,辩证地体现象棋战术的应用。

本章选用了象棋实战中一些精彩而又典型的中局棋例,运用兵法对之加以解析,突出了将、士、象、车、马、炮、卒协同作战、以智取胜的实战过程。

本章除选用了三十六计之围魏救赵、调虎离山、金蝉脱壳、声东击西、暗度陈仓、浑水摸鱼等计谋外,还辅以在实战中常用的战术,如将计就计、一箭双雕、图穷匕见、将军脱袍等,作为绿叶充当陪衬、借以点缀。

第一节　将计就计

在对方设计的基础上,佯装不知,另施一计,并获取利益或取胜,称为象棋中的将计就计。

第1局　识敌计诱敌深入

图1-1为2008年第七届"嘉周杯"特级大师冠军赛上一则中局形势,红、黑双方走至第24个回合时形势。此时红方计划下一着走炮八进三迫使黑弃车啃马。现黑方将计就计,任红方进炮而走出:

24. ……　炮2平5

黑方平炮要杀积极,而炮8退8消极。此着为诱敌深入。

25. 帅五平六　炮5进2　26. 炮八进三　车4进1

黑方计谋得逞,下一着红进车去车必然延缓攻势。

27. 车六进三　士5进4　28. 帅六进一　炮5平9

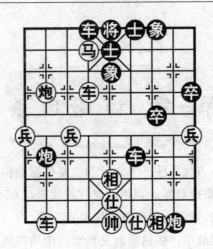

图 1-1

29. 帅六平五 ……

红方如改走车六退一催杀,黑则车 4 进 2,帅六进一,炮 8 退 2,相五退七,车 6 退 1,相三进五,车 6 进 2,相五退三,车 6 平 4,帅六平五,车 4 退 7,黑胜势。

29. ……	炮 8 退 1	30. 帅五退一	炮 8 进 1
31. 帅五进一	士 6 进 5	32. 炮八平三	将 5 平 6
33. 车八进九	将 6 进 1	34. 炮三平四	车 6 平 1
35. 炮四平七	车 1 进 2	36. 帅五退一	炮 9 进 1

调虎离山!红必须防备黑车 1 平 6 的杀着。

37. 炮七平四	车 1 进 1	38. 帅五进一	炮 9 退 1
39. 相五退七	车 1 平 3	40. 车八退七	将 6 退 1

黑胜。

第 2 局　扬仕打车破敌计

在 2008 年首届智力运动会上,国内外高手云集,涌现出大量佳局。图 1-2 为红、黑双方走至第 29 个回合时的中局形势。现轮黑方行棋:

29. ……　车 5 平 6

黑方平车捉双,一石二鸟。

30. 车六平八 ……

红方以眼还眼,以牙还牙,一箭双雕。

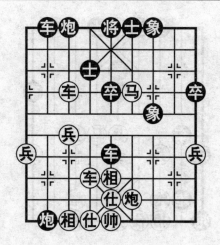

图 1-2

30. …… 车 2 平 1　**31.** 仕五进四　……

红方将计就计,在黑方一石二鸟的基础上,扬仕打车,彻底毁灭黑方计划。以下黑如车 6 进 1,红则炮四平九打死车;黑方再如车 6 平 1,则马四进三,将 5 平 4,车八平六,士 6 进 5,炮四平六,绝杀。

至此,红胜。

第3局　不贪小利抢卒林

图 1-3 为在全国象棋个人赛上的一个中局镜头。双方走完 24 个回合后如图形势。观枰面,双方大子对等。目前黑集中优势兵力攻击红方左翼。现轮红方行棋:

25. 兵七进一　……

红方抛出"苦肉计",计划退车卒林征援左翼,用心良苦。

25. …… 车 2 进 1

黑方将计就计,不为小利所动,现抢占卒林,车路畅通,比起巡河更加有利于进攻。

26. 相三进五　车 2 平 5　**27.** 车二退七　……

由于卒林线被黑方抢占,红方现虽退车回防,但很难征援左翼。

27. …… 马 1 进 3　**28.** 马四进三　炮 2 平 5

29. 炮七平六　车 5 平 3　**30.** 相五退三　炮 5 退 2

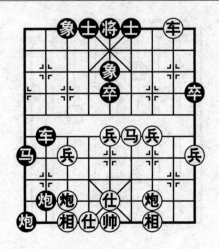

图 1-3

31. 马三进四　将 5 进 1　　**32.** 马四退二　炮 5 平 7

33. 马二退四　将 5 退 1　　**34.** 炮三平二　马 3 进 2

35. 车二平三　车 3 进 3　　**36.** 车三进一　车 3 平 4

37. 帅五进一　车 4 平 5　　**38.** 帅五平四　炮 1 退 1

39. 帅四进一　马 2 退 4　　**40.** 炮二平五　车 5 退 1

以上黑方进攻着法似行云流水。至此,黑胜。

第 4 局　施妙计解捉还捉

图 1-4 为 2008 年第四届"大地房产杯"上出现的一则中局形势。双方走至第 13 个回合,现轮黑方行棋:

13. ……　马 7 进 6

黑此招颇具威力,实施既踩红马又威胁红二路车的"一箭双雕"之计,此计确实给红方出了难题。红方通过思考,突然将计就计,反捉黑马:

14. 车六平四　马 6 进 7

黑方行动计划完全被打乱,现被迫改变行动路线,如马 6 进 5 去马,红则车四进二,先弃后取。

15. 炮一平三　马 7 进 5　　**16.** 相七进五　车 2 进 6

17. 炮三进一　炮 7 进 5　　**18.** 仕四进五　车 2 进 1

19. 车四进一　炮 7 平 9　　**20.** 马五进三　象 5 进 7

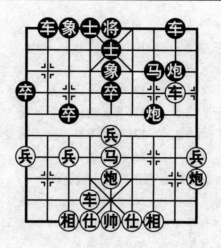

图 1－4

21. 炮三平五

至此,黑方认负。

第 5 局 退炮巧施计中计

图 1－5 为两位女子特级大师走完 16 个回合后的中局形势。观枰面,黑方计划进 3 路或 5 路卒得子,且看红方如何应对:

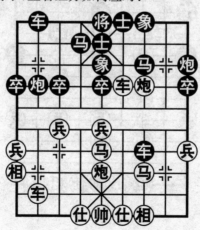

图 1－5

17. 炮五退一 ……

红方将计就计,计划从黑方 7 路打开缺口。

17.	……	卒 5 进 1	18. 车八进五	……

红方弃车砍炮,惊天地,泣鬼神。

18.	……	车 2 进 3	19. 炮五平三	车 7 平 8
20. 车四进二		马 7 进 5	21. 兵五进一	车 2 进 4
22. 兵五进一		马 4 进 5	23. 前炮平四	车 8 退 6
24. 炮三平五		车 2 平 6	25. 炮四进三	……

红方兑车得士,神来之笔。黑中马已无暇逃脱。

25.	……	车 6 退 6	26. 炮四平二	士 5 退 6
27. 炮五进五		将 5 平 4	28. 马五进六	象 5 退 3
29. 炮五退四		炮 9 平 5	30. 马六进五	

以下形成"累死车",红胜。

第6局 弃象诱敌入陷阱

图 1-6 为"嘉周杯"特级大师冠军赛上红、黑双方走至第 11 个回合时的中局形势。枰面上,红方正设计赚取黑象,黑方洞察秋毫,任其赚象而毅然走出:

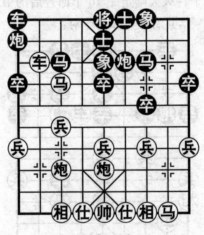

图 1-6

11.	……	马 7 进 6	12. 马七进五	象 7 进 5
13. 炮七进五		马 6 退 4		

黑方诱敌深入后突然一着回马金枪,红顿时乱了阵脚。

14. 车八退一　马4进3　　　**15.** 车八平七　……

红方此时落入陷阱，已无良策。

15. ……　　　马3进4　　　**16.** 帅五进一　车1平2

17. 帅五平四　炮6退1　　　**18.** 仕四进五　士5进4

19. 仕五进四　车2进8　　　**20.** 帅四退一　士6退5

21. 仕四退五　炮1平3

至此，红无法应对，黑胜。

第二节　围魏救赵

迫使进攻方子力回防援救，暂解燃眉之急，同时对敌方的攻击出乎意料，使之难以防备，达到出奇制胜的目的，这就是棋战中的"围魏救赵"。

第7局　以攻为守促胜局

图1-7是全国象棋个人赛上双方走至第16个回合时的中局形势。观枰面，红马正捉黑车，黑如逃车，红则进炮攻势如潮。面对如此严峻形势，且看黑方如何应对：

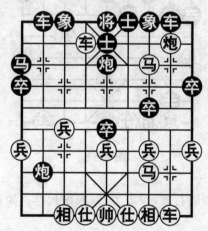

图1-7

16. ……　　　卒5进1　　　**17.** 后马退五　马1进3

黑置左车于不顾,驱马衔枚疾进,迫使红车后退,实施围魏救赵之计。

18. 车八退二　马3进1　　**19.** 马三进二　马1进3

20. 车六退二　卒5平4

黑方平卒拦截,红六路车的防御能力骤减。

21. 马五进四　炮2平5　　**22.** 车六平五　　……

红方如马四进五,则马3进4,帅五进一,车2进8杀。

22. ……　　　前炮退1　　**23.** 车二进二　车2进8

24. 马四进三　卒4进1　　**25.** 炮二退五　卒4平5

黑胜。

<h3 style="text-align:center">第8局　将后炮扭转乾坤</h3>

图1-8为全国团体赛上出现的一则中局形势。双方走完27个回合后,现轮红走子。观枰面,红方已岌岌可危。那么红方还能抵抗吗?

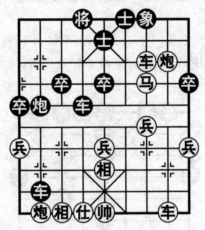

图1-8

28. 车三平八　　……

红方平车黑方薄弱的右翼,以攻为守,围魏救赵。如让黑方走出炮2进5,则红方无解。

28. ……　　　车2进1

红方箭在弦上,不可不发。吃炮继续叫杀。

29. 车八进二　将4进1　　**30.** 炮二进一　士5进6

31. 马三进四　士6进5　**32.** 车八退一　将4退1

33. 炮二进一　象7进9　**34.** 车八进一　将4进1

35. 炮二平六

红方炮入将后,围魏救赵。至此,黑车只能平移。以下红方车八退一,将4进1,炮六平二,即成杀。故黑认负。

第9局　以攻为守保平安

在第十一届"五羊杯"象棋大赛中,佳局倍出。如图1-9形势,红方多炮,现轮黑方行棋。请看黑方如何应对:

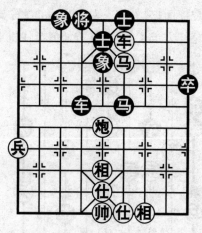

图1-9

1. ……　马6进4

黑方围魏救赵!以下再马4进2,叫杀。黑方如随手走士5进6去马,红则进车叫将吃去双士后,残局阶段红车炮优于黑方车马。黑方以攻为守,临危不乱。

2. 炮五进四　……

此时,黑可车4平6牵马,红如逃马,黑则马4进2,必得炮。因此红方炮五进四去黑士实属无奈。

2. ……　士6进5　**3.** 车四平五　马4进6

黑方再次围魏救赵。此时黑若随手走马4进2,红可车五进一,将4进1,车五平七,守槽,仍属红优。

4. 车五进一 ……

红方如误走仕五进四,则马6进4,帅五进一,马4退5,叫杀,红反而不妙。

4. …… 将4进1 **5.** 车五平三 车4平7

黑方兑车明智,因此时枰面仍属红优。

6. 车三退四 马6退7

和局。

第10局 帅登场指挥若定

图1-10为2008年第四届"大地房产杯"象棋赛上一则红、黑双方走完20个回合后的中局形势。观枰面,黑方多一马,且在红方右翼已发起攻势,但自身却有窝心马的弱点。现轮红方走子,请看红方如何抓住机遇,攻击黑方:

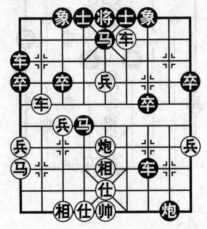

图1-10

21. 帅五平四! ……

红方连消带打!既化解了黑方抽将之势,又可调虎离山,逼黑8路炮回防,此乃围魏救赵之计。

21. …… 车7进2 **22.** 帅四进一 炮8退9

23. 兵五平六 ……

红方着法明智。红方如炮五进一,黑则车1平8,捷足先登。

23. …… 车1平5 **24.** 炮五进二 车7退3

25. 兵六进一 ……

红方加强对黑方的围困。

25. ……　　车7平5

黑弃车无奈,如车5进1逃车,则兵六进一,黑亦难应。

26. 兵六平五　象3进5　　**27.** 马九进七　马4进6

黑方如车5平3去马,红则炮五退一,马4退5,炮五进三,后马进3,车八进三,红胜。

28. 炮五退一　马6进7　　**29.** 帅四退一

红胜。

第11局　攻敌城围魏救赵

这是一则网上对弈。双方战至第18回合时形势如图1-11。观枰面,黑方攻势强大,双车胁仕,红方一时似乎无从下手。现轮红方走子:

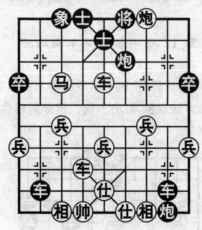

图1-11

19. 车六进七　　……

此时,红无法保中仕,只得放手一搏,实施围魏救赵战术。

19. ……　　士5退4　　**20.** 马七进六　将6进1

21. 车五平三　车8退7

红方围魏救赵,迫使黑车回防。

22. 炮三平七　车3退7

此时,黑主力部队相继回防,红围魏救赵之计圆满成功。

23.马六退五　　炮6平5　　24.车三平四　　将6平5

25.马五进七　　炮5平4　　26.车四进一　　车2平4

27.炮七平九　　车8进2　　28.车四平三　　车8平6

29.车三进一　　车6退2　　30.炮九退一　　车4平1

黑方如将5退1,则车三进一,车6退1,炮九进一,士4进5,马七进八,车4退1,车三平四,将5平6,炮九平六,亦形成局终形势。

31.车三平四　　将5平6　　32.马七进九

以下黑双炮笨如牛。红方多兵,终局红胜。

第三节　将军脱袍

一般将闪开士(仕)、象(相),露出将(帅)助攻,并致对方于死地的方法,称为将军脱袍。

第 12 局　露主帅车马逞强

图1-12为2008年"洁达杯"全国象棋等级赛上一则双方走完28个回合后的棋局形势。观枰面,黑方缺双象,红方占优。但如何将优势转化为胜势呢?请看红方如何行棋:

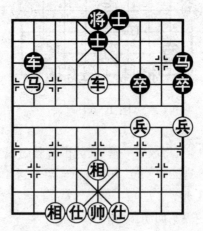

图 1-12

29. 相五进七　……

红方"将军脱袍"！计划露帅助攻。

29. ……　车 2 平 3　**30. 相七退九　车 3 平 2**

31. 仕六进五　车 2 平 3　**32. 仕五进四　车 3 进 4**

黑已不能再走车 3 平 2 了,否则红车五平七,黑如车 2 平 5,帅五平六,车 5 平 4,帅六平五,黑不能长将,红胜定。黑方再如将 5 平 4,车七平六,将 4 平 5,马八进六,将 5 平 4,马六进七,抽车,红胜。

33. 马八退七　车 3 平 4　**34. 车五平七　车 4 退 2**

35. 马七进八　……

红马几度迂回,现落脚点极佳。

35. ……　车 4 平 5　**36. 仕四退五　士 5 进 6**

红方此时已不需要露帅助攻了,退仕更安全。

37. 车七进三　将 5 进 1　**38. 车七退一　将 5 进 1**

39. 车七平一

捉死黑马,红胜定。

第 13 局　撑士妙演海底捞

图 1-13 为第一届"来群杯"象棋名人战上,两位女子特级大师走完 18 个回合后的中局形势。观枰面,双方对攻激烈。现轮红方走子:

19. 兵五平六　马 3 进 5

黑方献马是当前最顽强的着法,给红方的进攻设下障碍。

20. 马八进七　将 5 平 4　**21. 炮五平六　马 5 退 4**

22. 兵六平七　将 4 平 5　**23. 车四平一　炮 9 平 6**

至此,红已是强弩之末。

24. 帅五进一　车 7 退 1　**25. 帅五进一　车 8 进 3**

26. 炮八进七　象 3 进 1　**27. 炮八退一　车 8 平 5**

28. 帅五平四　士 5 进 4

黑方将军脱袍,海底捞月杀势已不可挡。至此,黑胜。

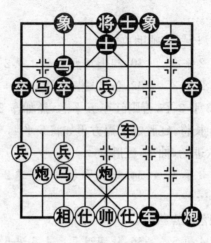

图 1 - 13

第 14 局　帅上阵兵闯九宫

图 1-14 为"来群杯"象棋名人战上一则双方走完 46 个回合时的棋局形势。此局为两位巾帼英雄弈战。观枰面，红方有多中兵优势。以下请看红方如何将优势转化为胜势。

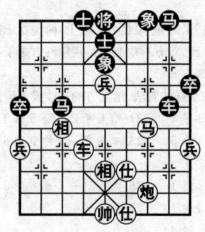

图 1 - 14

47. 车六平五	象 5 退 3	**48.** 马三进四　车 8 平 6
49. 车五平三	象 7 进 9	**50.** 炮三平四　车 6 进 3

红弃仕将黑车引向歧途。

51. 马四进三　马8进6　　　**52.** 炮四平七　象3进1

53. 兵五进一　马3进5　　　**54.** 车三平五　马5退6

55. 马三退一　后马进8　　　**56.** 炮七平八　车6退3

57. 炮八进八　象1退3　　　**58.** 相五退七　……

红方将军脱袍！露帅助攻,黑势已危。

58. ……　　　将5平6　　　**59.** 马一进二

至此,黑中士必丢,红胜。

第15局　屡脱袍造穿心杀

图1-15为"明珠星钟杯"全国象棋十六强精英赛上出现的一个镜头。观枰面,双方子力基本对等,现轮红方走子:

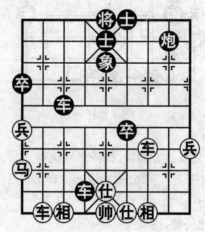

图1-15

1. 车三平五　　　……

红方企图吃象,控制中路,但没有考虑到黑有"将军脱袍"的攻杀手段。

1. ……　　　象5退3

黑方将军脱袍！守中寓攻。

2. 车五平七　车3平7　　　**3.** 车八进三　车7进5

4. 车七平二　士5进6

黑方再次将军脱袍！这是第1着象5退3的持续发展。

5. 车二平五　　炮 8 平 5

黑方下伏车 4 平 5 杀棋,至此,将军脱袍计谋得逞,黑胜。

第 16 局　大刀剜心庆胜利

图 1-16 为全国象棋甲级联赛中出现的局面。当前黑方有炮 2 平 5 抽车之势。以下请看红方如何应对:

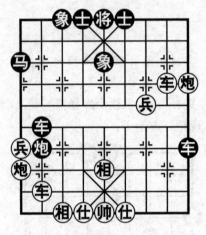

图 1-16

25. 相五退三　　……

红方将军大脱袍! 化解黑方抽势,保持多兵优势。

25. ……　　车 2 平 6　　**26.** 炮一进三　　车 9 退 6

27. 车八进二　　……

红方强行兑炮,简化局势,继续维持多兵优势。

27. ……　　士 6 进 5　　**28.** 车八进五　　车 9 平 6

29. 仕六进五　　前车进 1　　**30.** 兵九进一　　……

红方着法细腻。如急于走炮九进五去马,黑则前车平 1,炮九退一,车 1 退 3,车二平九,象 5 进 7,和势。

30. ……　　前车平 1　　**31.** 车一平九　　象 5 进 3

32. 炮九平五　　车 1 平 5　　**33.** 兵九进一　　车 6 进 5

34. 车九平三　　象 3 进 5　　**35.** 兵三平二　　车 6 退 1

36. 兵二进一　　车 6 平 7　　**37.** 车三平八　　车 5 平 3

38. 兵九进一　车3进3　　**39.** 仕五退六　车7进5

40. 兵九进一　车3退2　　**41.** 前车平五

大刀剜心！至此,红胜。

第四节　调 虎 离 山

对弈中的"调虎离山"计是一种调动对手牵"牛鼻子"战术,即采取强迫或引诱的手段,使对方离开原有位置,造成其空虚状态,便于己方进攻。

第17局　两度驱虎扫障碍

图1-17的中局形势是第一届世界智力运动会上一则双方走完14个回合后棋局。枰面上看似风平浪静,但此时红方察觉到黑方的右翼较薄弱,遂制订出从黑方右翼突破的战略方针。接着走出:

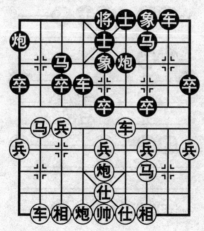

图1-17

15. 炮五平六　　……

红方调虎离山！驱赶黑车逃离右翼防线。

15. ……　　车4平6　　**16.** 车四平六　　……

红方按既定方针办,将兵力向黑方右翼集结。

16. ……　　卒3进1

黑此招有"里通外国"之嫌,协助红开通马路。黑方似可改走象5退3,重新部署。

17. 兵七进一　　象5进3　　**18.** 马八进六　　……

红方再次"调虎离山",将黑方右翼仅有防守能力的3路马驱出防线。

18. ……　　马3退4　　**19.** 车八进九　　炮1平3

20. 马六进七　　马7进5　　**21.** 前炮进七　　士5退4

22. 炮六进九　　炮6平3　　**23.** 炮六平四　　将5进1

24. 炮四平二

红胜。

第18局　引马离槽抢中卒

在中国棋院和世界智力大师公司共同主办的象棋大师赛上,红、黑双方走完20个回合后如图1－18形势。现轮红方走子:

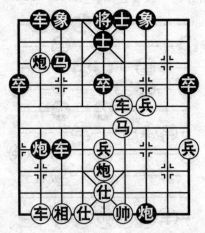

图1－18

21. 马四进六　　……

红方调虎离山!为中路突破打造平台。

21. ……　　马3进4　　**22.** 炮五进四　　士5进4

23. 车八进二　　……

红方不吃马,反弃炮!抓住机遇,进车抢攻实乃大手笔。

23. ……　　车3退3

这是黑方最顽强的应法。黑方如车2进2,则车四进四,将5进1,车四退一,将5退1,车八平二,将5平4,车二进六,红胜。

24. 车八平四 将5平4 **25.** 前车平六 士6进5

26. 炮五平六 车3平4

黑方无奈,如将4平5,车六平五,象7进5,炮八平五,红胜。

27. 车六进一 车2进2 **28.** 车四平三 炮7平9

29. 兵三平四 象3进5 **30.** 车三平八 车2进2

31. 兵四平五 卒1进1 **32.** 后兵进一 象5退3

33. 车六退三 炮2退1 **34.** 车六进二 车2退1

35. 车六平九

至此,红多子胜定。

第19局 虎落平川难扬威

图1-19为第一届"来群杯"象棋名人战上一则红、黑双方走完31个回合后的中局形势。观枰面,黑方在中路和底线对红方都有威胁。那么红方如何应对呢?

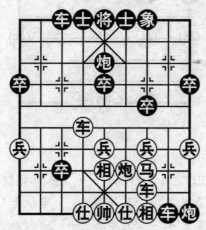

图1-19

32. 炮四平七 ……

红方调虎离山!炮击黑卒,诱黑3路车吃炮离开防线。黑虎落平川难扬威。

32. …… 车3进7 **33.** 车三平六 ……

红方平车叫杀,马踩黑车,调虎离山得到回报。

33. ……	炮5进4	**34.** 马三进五	车3退7
35. 后车平一	车3进6	**36.** 车六平五	车3平1
37. 车五进二	士6进5	**38.** 马五进六	车1平7
39. 车五平三	车7进3	**40.** 车三进三	士5退6
41. 车三平四	将5平6	**42.** 相五退三	

至此,黑藩篱被毁,红胜。

第20局 虎离山小兵逞强

图1-20为"西乡象棋擂台总决赛"上的一则中局形势。双方走完31个回合后,现轮红方走子:

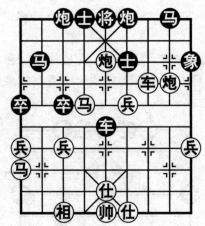

图1-20

32. 车三退二 ……

红方实施"调虎离山"之计。如黑车5平7去车,则红可炮二平五成杀。

32. ……	车5退2	**33.** 兵四进一	车5进1
34. 兵四进一	马2进4	**35.** 车三进一	……

红方继续贯彻调虎离山方针。

35. ……	车5退1	**36.** 车二平三	马4退3
37. 炮二平四	马3进5	**38.** 马六进五	车5平6

黑方如不吃炮,黑底线马、炮必丢其一。现黑车吃炮,无奈虎落平川。

39. 马五进七 将5进1 **40.** 兵四平五

由于黑车离开防线,现红平兵中路造成绝杀。真乃虎离山小兵逞强!

第21局 兵饲虎逼车歼炮

图1-21为第十四届亚洲象棋锦标赛上出现的一则中局形势。双方战完28个回合后,现轮红方走子:

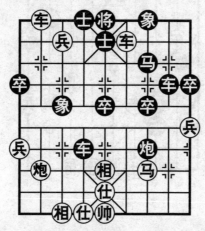

图1-21

29. 兵七平六 ······

红方平兵叫杀,实施调虎离山之计。

29. ······ 车4退5 **30.** 车八退六 炮7平1

由于红方捉炮伏闪击手段,此时黑炮已无处可逃。黑方如马7进8,则车八平三,车4平2,车三进二,象7进9,炮八平六。红炮金蝉脱壳,黑亦败势。

31. 车八平九 车4平2 **32.** 炮八平六 卒5进1

33. 车四平三

至此,黑丢象,红胜定。

第五节 金蝉脱壳

实战中施用"金蝉脱壳"之计,主要是指将被对方控制的局势、牵制的子力、围困的"死子"等,采取"脱壳"的办法,解脱牵制,变被动为主动,变"死"为活。

第22局 老帅巡城将士勇

图1-22为河北名人战上的一个中局镜头。观枰面,双方子力大致对等,但黑方右翼子力拥塞,现轮红方行棋:

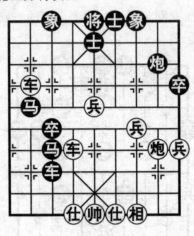

图 1-22

1. 车八进三   ……

红方不可车八退一吃马,否则黑卒3平4,双车被捉。

1. ……   卒3平4   **2. 车八平七**   士5退4

3. 车六平四   炮8平1   **4. 炮二平七**   炮1进7

5. 帅五进一   象7进5   **6. 车七退一**   车3进1

7. 帅五进一   炮1平3   **8. 帅五平四**   ……

上一着黑走炮1平3,企图得回失子,岂料红此着帅五平四叫杀,实施"金蝉脱壳"之计。

8. ……   士4进5   **9. 车七平八**   车3退2

黑方被迫兑子,兑子后形成红方有车杀无车的局面。

10. 车八进一   象5退3   **11. 车四平七**   马2进3

至此,红胜局已定。

第 23 局 妙退车暗保马炮

图 1－23 为 2008 年全国象棋甲级联赛上双方一则双方走至第 45 个回合的棋局形势。观枰面，红车正捉双，如黑丢失一子，红多兵呈胜势。那么黑方将如何应对呢？

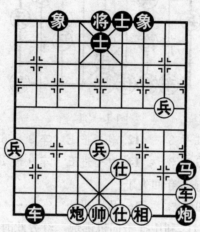

图 1－23

45. ……　　车 2 退 2

精妙的一着！黑方如炮 9 平 6，则相三进一，炮 6 平 4，车一平六，炮 4 平 3，车六平七，形成红阻止黑退炮打相，双方不变作和。此步退车暗保马、炮。

46. 帅五进一　车 2 进 1　　47. 炮六进一　将 5 平 4

黑出将捉死红炮，使左翼二子必有一子金蝉脱壳。

48. 车一进一　车 2 平 4　　49. 帅五退一　炮 9 平 8

至此，黑已呈胜势。以后战至第 80 回合，红认负。

第 24 局 骏马奔腾炮声隆

图 1－24 为在北京举办的第一届世界智力运动会上出现的一则中局形势。双方战完 10 个回合后，现轮红方走子：

11. 兵七进一　　……

乍看枰面，风平浪静，红此兵过河，令杀戮一触即发。

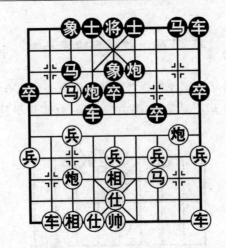

图 1 - 24

11. ······ 车4平3 　　**12.** 炮二平七　车3平6

13. 前炮进三　炮6平3 　　**14.** 炮七进五　车9进1

黑进车企图围歼红炮,夺回失子。

15. 车一平二　车9平3 　　**16.** 马七退六　······

红方"金蝉脱壳"之计,利用捉子伺机逃炮。红方此时如改走车二进九去马,黑则车3进1,以下红马道路不畅。

16. ······ 车6平4 　　**17.** 马六进八　炮4平2

18. 马八退七　车4退1 　　**19.** 炮七退三　······

红马利用捉子,左右翻飞腾挪,终于掩护七路炮"金蝉脱壳"。

19. ······ 马8进7 　　**20.** 车八进五　车3进2

黑方进车形成子力拥塞,乃兵家之大忌。

21. 马七进九　卒1进1

黑方无奈的选择,如逃车则丢炮。

22. 马九进七

至此,黑丢车,红胜定。

第25局　歼马得炮操胜券

图1-25为全国象棋个赛上一则双方走完21个回合后的中局形势。观枰面,黑方子力不太活跃,且黑马将被围剿,红方优势明显。以下请看红方如何将

优势转化为胜势：

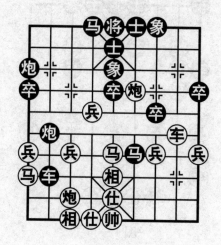

图 1 - 25

22. 车二平四　炮 1 进 4　　**23.** 炮四退三　炮 2 退 3

黑方退炮无奈,如炮 1 平 5,则马九进八,黑亦不能得回失子。

24. 炮四退一　……

红方金蝉脱壳!借退炮打击逃马,红方已呈多子之势。

24. ……　车 2 退 3　　**25.** 马五进七　车 2 平 4

黑如炮 1 退 2,则马七进六,车 2 平 4,马六进八,黑亦失子。

26. 马七退九

至此,黑连失两子,无力再战,故推枰认负。

第 26 局　施巧计多子取胜

图 1 - 26 为一则双方走至第 11 个回合时的中局形势。现轮黑方行棋:

11. ……　车 4 进 1　　**12.** 炮八平七　炮 2 平 3

13. 炮七平八　车 1 平 3　　**14.** 车九平八　……

红方劣着失子。红方不如改走炮八进二逃炮为宜。

14. ……　车 4 平 2　　**15.** 马四进六　炮 3 进 2

16. 车七平八　车 2 平 4

黑方金蝉脱壳!黑得子后现又摆脱牵制,明显已占多子优势。

17. 马六进四　炮 5 平 2　　**18.** 前车进一　炮 2 进 7

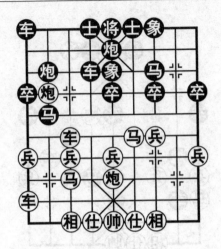

图 1-26

19. 马四进三　将5进1	**20.** 车八进三　车4退2
21. 炮五平二　炮3平8	**22.** 车八退七　车3进4
23. 车八平四　炮8退2	**24.** 车四进八　车4进3
25. 车四平五　将5平4	**26.** 相七进五　车4平8
27. 兵七进一　车3平4	**28.** 炮二平四　炮8退2
29. 炮四进七　炮8平6	

至此,黑多子胜势,续战至第49个回合,黑胜。

第六节　浑　水　摸　鱼

实战中的"浑水摸鱼"一般在中、残局阶段居多。泛指主动变着,将水搅浑,使局面复杂化,为"摸鱼"创造条件。另外要注意时机,必须及时捕捉战机,否则稍纵即逝。

第27局　御驾亲征歼顽敌

图 1-27 为河北名人战上出现的一则中局。观枰面,双方子力基本对等,一时均无破敌良策。现轮红方走子,以下请看红方如何破敌:

1. 仕四进五　……

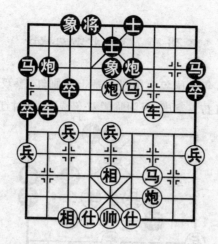

图 1－27

红方以逸待劳！红方洞察己方三路车威胁黑方将门,黑方2路车必兑红车,否则即陷于被动。红方等待黑方兑车后形成双方无车,采取"浑水摸鱼"之术偷营劫寨。

1. ……　　车2平7　　**2.** 炮三进四　　马9退7

3. 炮三进二　　马1进2　　**4.** 马四退三　　马2进1

5. 兵五进一　　……

目前双方子力完全对等,在无车的情况下兵、卒的参战有着举足轻重的作用。

5. ……　　炮2进3　　**6.** 前马进二　　马7进9

7. 兵五平四　　马9进7　　**8.** 兵四进一　　马7进6

9. 马三进四　　炮6进3　　**10.** 炮三退四　　炮2退4

11. 马二退三　　……

在暂无破敌良策的情况下,红方退马谋卒明智。

11. ……　　炮6平5　　**12.** 炮五平一　　炮2进2

13. 炮一进三　　将4进1　　**14.** 马三进五　　士5进4

15. 兵四进一　　象5进7　　**16.** 马五进七　　将4平5

17. 炮三平五　　象3进5　　**18.** 帅五平四

红方御驾亲征！黑无解。

第28局　飞马妙演空城计

图1-28为2008年全国象棋甲级联赛上一则红、黑双方走完34回合后的中局形势。观枰面，红右翼空虚，且面临黑双车威胁，此时红方应如何应对呢？

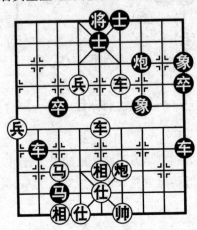

图1-28

35.马七进六　……

红方不增援右翼，反而驱使黑车向己方右翼集结，红在实施"浑水摸鱼"之计。

35.……　车2平8　36.相五退三　车8平7

37.相三进一　……

红方不能相七进五，否则马3退5，扫雪填井。

37.……　车9平8　38.炮四平六　车8进3

39.相一退三　……

红方落相，又将局面搅浑，希望乱中取胜。红方如误走帅四进一，则车8退1，帅四进一，炮7平6，车四进一，马3退4，帅四平五，车8退2，黑胜定。

39.……　车7进3　40.帅四进一　车8退1

41.帅四进一　马3退4　42.车五退一　炮7平5

黑方平炮解杀无奈，如将5平4，则兵六进一，黑亦难应。在这场混战中，红自第35着飞马妙演空城计后，即有惊无险。现黑已是强弩之末。

43.车五平六　车7退4　44.炮六平五　车7平5

45. 车六平八 车8退8 **46.** 兵六进一

红胜。

第29局 避兑炮乱中取胜

图1-29为第一届世界智力运动会上出现的一则中局形势。当前红、黑双方相互捉炮,局面较为平稳。现轮红方行棋:

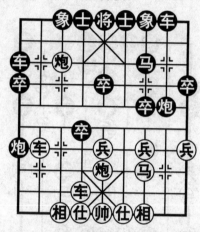

图1-29

12. 炮七平八 ……

红方不愿兑炮简化局势,而制订平炮封车、底线进攻的战略部署,保持复杂局面,是在较量中、残局功夫。

12. …… 车8进1 **13.** 炮八进二 炮1退2

14. 车六进三 炮1平4

黑平炮拦车,后患无穷。黑方应以改走士6进5坚守为宜。

15. 兵三进一 象7进5 **16.** 兵三进一 象5进7

17. 马三进四 ……

红方进马,摧毁了黑方担子炮的防御体系。

17. …… 车1平4

黑方无奈的选择。若炮4退2,则马四进二,车8进3,炮八退二,红方得子。

18. 车八平七 车8平2 **19.** 车七进六 象7退5

20. 车七退二 士4进5 **21.** 车七平六 士5进4

22. 车六进一

至此,黑失子失势,红胜。

第30局　布疑阵驱马入彀

图 1 - 30 是在第一届世界智力运动会上一则红、黑双方走至第 10 个回合时的中局形势。观枰面,红方显然在弃马强攻。现轮黑方行棋,黑方是否接受红方的弃马呢?

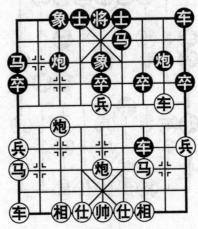

图 1 - 30

10. ……　马1进3

黑方不贪为美。黑方如车 7 进 1 去马,红则兵五进一,士 6 进 5,兵五平六,黑方存在很大隐患。现飞出 1 路马,搅乱局面,计划乱中取胜。

11. 炮七平一　车9平8　　**12.** 兵五进一　士6进5

13. 兵五进一　象3进5　　**14.** 马三退五　……

黑第 10 着未食弃马,现红马退回花心,比弃去还要难受。

14. ……　马6进5　　**15.** 车九平八　马5进6

16. 车二退四　马6进8　　**17.** 炮五平二　炮8进5

18. 车二进一　车8进5　　**19.** 车八进五　象5进3

黑方好一招象 5 进 3,既阻止红车右移增援,又为 3 路炮镇中让路,一着两用。

20. 马九退七　炮3平5　　**21.** 马七进五　车8平6

以下红阻止不了黑方车7进3的绝杀,至此,黑胜。

该局黑未食红方弃马,造成红自相堵塞,是取胜关键。

第31局　奔马扑槽搅浑水

图1-31为2008年全国象棋男子团体赛上出现的一则中局形势。双方走至第21个回合时如图所示,观枰面,双方子力完全对等,局面复杂,有两处对头兵、卒。现轮黑方行棋:

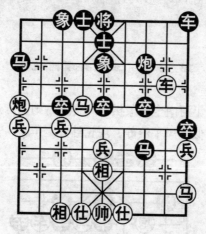

图1-31

21. ……　　马7进9

黑方不为两处对头兵卒所动,毅然跃马扑槽,继续保持复杂局面,企图浑水摸鱼。

22. 兵七进一　……

红方如车二退四,黑则卒9进1,下伏献卒活马,仍有卧槽之势。

22. ……　　马9进7　　23. 帅五进一　车9平6

24. 马一进二　马7退6

黑方不愿兑子简化局势,继续贯彻"浑水摸鱼"方针。

25. 帅五退一　卒7进1　　26. 兵一进一　卒7进1

27. 车二平三　车6进2　　28. 车三退三　……

红方无奈,如马二进一,则马6进7,帅五进一,将5平6,帅五平六,马7退5,黑胜势。

28. …… 象5进7　　**29.** 马二进三　炮7进4

30. 马三进四　士5进6

至此，黑多子占优。终局黑胜。

第七节　声东击西

实战中的"声东击西"之计，属于一种佯攻、牵制战术，应用较广。当要攻敌甲处，却迂回佯攻敌乙处，牵制敌兵力，然后再全力以赴，猛攻甲处，使对方措手不及，因得不到救援而失利。

第32局　东边有雨西边晴

图1-32为2008年河南全国象棋公开赛上一则双方走完15个回合后的中局形势。观枰面，双方似乎风平浪静。现轮红方走子：

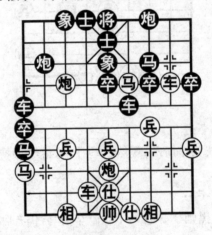

图1-32

16. 兵三进一　　……

红方声东击西！红方献兵另有图谋。东边有雨西边晴。

16. …… 卒7进1　　**17.** 炮七进二　　……

红方弃右兵、升左炮。红方计谋成功。

17. …… 士5进6　　**18.** 炮五进四　将5平6

19. 马四进二　士4进5　　**20.** 炮五平一　……

红方看似底线进攻,实则先炮打双车,再施声东击西之计。

20. ……　　炮7平8　**21.** 车二平三

至此,黑失子失势,红胜。

第33局　车坐大堂困敌将

图1-33为2008年全国象棋甲级联赛上出现的一则中局形势。枰面上,双方呈对攻形势。现轮红方走子,且看红方如何行棋:

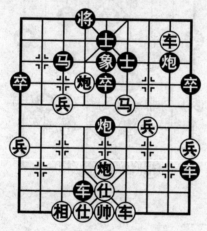

图1-33

32. 马四退三　　……

红方回马踩双,暂缓黑方攻势。

32. ……　　车9平5　**33.** 马三进五　　……

红方除去黑中炮,大大缓解了黑方攻势。红方如改走马三退五,则黑车4退5,形成绝杀。

33. ……　　车5退2　**34.** 车二进一　将4进1

35. 兵七进一　炮8平9　**36.** 车四进三　　……

红方声东击西!看似保兵阻止黑炮击兵助攻,实则计划左移两翼包抄。

36. ……　　车4退4　**37.** 车四平八　车5平3

38. 车八进五　将4进1　**39.** 炮六平一　马3退4

40. 车八平七　象5进3　**41.** 兵七平六　将4平5

42. 车七平六　　车4平5　　**43.** 车二平五

红车坐大堂,绝杀。

第34局　施巧计闪击得车

图1-34为2008年全国象棋甲级联赛上出现的一个中局形势。目前双方子力对等。请看以下红方如何利用先行之利向黑方发起进攻:

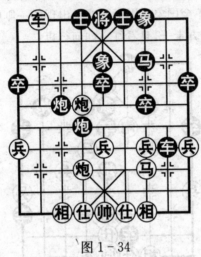

图1-34

17. 前炮进二　　……

红方难道要驱黑马入己阵、引狼入室?

17. ……　　马7进6　　**18.** 前炮平九　　……

红方原来实施声东击西战术。看似打马,实则准备左移从底线发动攻势。

18. ……　　炮3退4　　**19.** 车八退四　　……

红方又是声东击西,看似捉马,实则使九路炮顺利进底。

19. ……　　马6进7　　**20.** 相七进五　　炮4退4

21. 车八进三　　炮4进5　　**22.** 炮九进二　　士6进5

23. 车八退二　　卒5进1　　**24.** 车八平六　　炮4平2

25. 车六平七　　炮2平4　　**26.** 炮六平七　　……

红方继续声东击西战术,明攻黑3路炮,实则窥黑8路车。

26. ……　　炮3平2

黑看到底线受攻,慌不择路。

27. 车七平二

红方再声东击西！借底线闷杀之势，闪击得车，红胜。

第35局　退炮打马障敌目

图1-35为全国象棋甲级联赛上一则红、黑双方走完29个回合后的中局形势。观枰面，双方子力虽对等，但黑方缺士，且将已升高，红方优势明显。现轮红方行棋，且看红方如何入局：

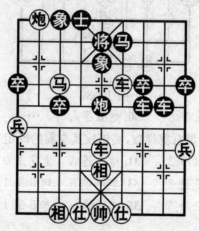

图1-35

30. 炮八退一　……

红方看似打马，实则定下声东击西之计。

30. ……　车8进2

黑方亦未察觉潜在的危机。

31. 马七进九

至此，黑内无粮草，外无援兵，眼见红下着马九进七叫杀而无能为力。黑方如走将5平4，苟延残喘，红则车四平六，马6进4，马九进七，杀。

第36局　运双炮左右开弓

图1-36为一则网上对弈。双方战完28个回合后，现轮红方走子。观枰面，双方大子对等，但黑方子力位置较差，且缺一象。请看以下红方如何利用先

行之利取胜：

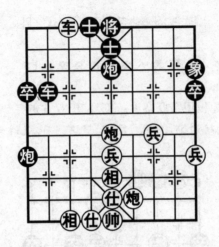

图 1-36

29. 炮四平二　车 2 平 8　　30. 炮五平八　……

红方声东击西！从黑右翼佯攻，实施攻其左翼的既定方针。

30. ……　　　车 8 平 2　　31. 炮二进八　象 7 进 9

32. 炮八平五　炮 5 进 2　　33. 车七平五　炮 5 平 1

34. 车五平八　车 2 平 5　　35. 车八退一　车 5 退 1

36. 车八平四

至此，黑要解红"铁门栓"杀着，必须以车咬炮，红胜。

第八节　暗度陈仓

　　此计的全称为"明修栈道，暗度陈仓"。它的特点是以示假隐真，用诡诈之术迷惑对手，伪装和掩护己方真实的行动企图，使对方在没有防备的情况下遭受袭击致败。

第 37 局　老马识途返家乡

　　图 1-37 是全国象棋甲级联赛上的一则中局镜头。双方走完 19 个回合后如图形势。目前黑车正捉红马，且看红方如何应对：

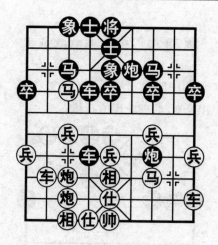

图 1 - 37

20. 马七退八　　……

红方看似逃马，其实另有图谋。

20. ……	马 3 退 1	**21.** 兵七进一	前车进 2
22. 车八退一	后车进 2	**23.** 车一平四	炮 7 平 1

24. 马八退九　　……

红方再次回马，看似再逃马，实则暗度陈仓。

24. ……	象 3 进 1	**25.** 兵七进一	马 1 退 3

26. 前炮平六　　……

至此，黑前车被关死，红胜势已不可动摇。

26. ……	马 3 进 4	**27.** 兵七平六	……

又是"明修栈道，暗度陈仓"之计。红方看似平兵捉马，实则酝酿炮七进八，抽车。

27. ……	象 1 进 3	**28.** 马九进七	后车进 2

黑车无处可逃，被迫换双。红方暗度陈仓之计成功。

29. 马七退六	车 4 进 1	**30.** 兵六进一	炮 1 平 3
31. 炮七进四	车 4 平 2	**32.** 兵六平五	车 2 退 8
33. 前兵平四	士 5 进 6	**34.** 车四进六	马 7 退 8

35. 车四退一

至此，黑藩篱尽毁，现红退车，横扫千军。胜定。

第38局　平炮惑敌藏杀机

图1-38为2008年全国明星赛上一则双方走至第24个回合时的中局形势。枰面上,双方子力相互牵制,现轮黑方行棋:

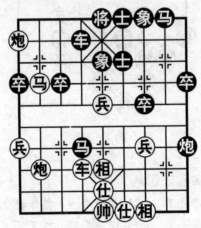

图1-38

24.　……　　　炮9平8

黑方平炮看似平淡,似乎要退炮防守,实则定下"暗度陈仓"之计。

25. 兵五进一　　……

红方中计不知,仍在闲庭信步。

25. ……	炮8进1	**26.** 车六进一	车4进5
27. 炮八平二	车4平2	**28.** 马八进七	将5平4
29. 马七退六	马8进7	**30.** 兵五平四	士6退5
31. 相五退七	车2退5	**32.** 炮九进一	马7进8
33. 炮二平六	将4平5	**34.** 兵四平三	马8进7
35. 炮六平九	马7进6	**36.** 兵三平四	马6退8
37. 后炮进四	马8退6	**38.** 相三进五	车2平1
39. 帅五平六	将5平4		

以下红必丢一炮,黑胜。

第39局 御驾亲征铸胜局

图1-39为全国象棋团体赛上一则红、黑双方走完31个回合后的局势。观枰面,除黑方多一边卒外,其他子力对等。现轮红方行棋。该局黑方多卒,红方求和不难。但红子力占位较好,又不甘和棋,于是走出:

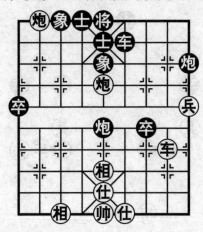

图1-39

32. 帅五平六 ……

红方明修栈道,暗度陈仓! 此时红方出帅用心良苦。表面看是回避黑炮镇中的攻势,实则迷惑对手,暗伏杀机。

32. …… 炮9平7

黑方果然中计,没有察觉潜在的危机。

33. 炮八平六 炮7退2 34. 炮六平三 车6进2

35. 炮三平一 ……

红炮暗度陈仓,穿越底线,黑已难招架。

35. …… 将5平6 36. 车二进六 将6进1

37. 车二退一 将6退1 38. 炮五进二

红胜。

第40局　退马阻炮偷袭赢

图1-40为第七届"嘉周杯"特级大师冠军赛上出现的一则中局形势。观枰面,红方有七路炮进底闷杀之势,因而二路车可强行吃去黑7路炮。面对此种形势,黑方走出:

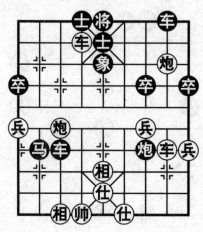

图1-40

35.　……　马2退3

黑方明修栈道,暗度陈仓。表面看似是破坏红二路车去炮的计划,实则准备偷袭敌营。

36.车二进二　炮7进3

吹响了大进军的号角。

37.相五退三　车3进3　　38.帅六进一　车3退4

39.车六退六　马3进5

此时,黑马暗度陈仓,红已追悔莫及。至此,红方认负。红方如接走车六平二,则车3进3,帅六退一,车3进1,帅六进一,马5进3,黑胜。

第41局　退炮润物细无声

图1-41为2008年全国象棋甲级联赛上产生的一则精彩中局。双方走至第12个回合时,现轮黑方行棋:

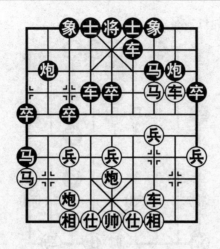

图 1－41

12.　……　　炮8退1

随风潜入夜,润物细无声。黑方悄无声息的一步退炮已定下"暗度陈仓"之计。

13. 车三进三　　……

红方毫无察觉黑8路炮已临"陈仓"。

13.　……　　车4进6

此着一出,红方耳边响起撕裂大地的爆破声。

14. 帅五平六　车6进8　　**15.** 帅六进一　马1进3

下一着黑可炮8平4绝杀,至此,黑胜。红如续走车二进二,则炮2进6,帅六进一,车6平4,炮七平六,炮2退1,杀。

红方再如马九进八,则炮8平4,马八退七,车6平5,再炮2平4,杀。

第九节　图穷匕见

> 成语解释是比喻事情发展到最后,终于露出了真相或本意。象棋实战中的"图穷匕见"指将凶狠的着法隐藏不露,关键时刻一招制胜。

第 42 局　以兵换象算周详

图 1－42 为 2007 年第二届河北象棋名人战上一则红、黑双方走完 22 个回

合后的中局形势。现轮红方行棋：

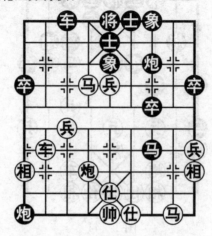

图 1-42

23. 兵五进一　……

运帷幄，算周详。红方以兵换象，深谋远虑。

23. ……　象 7 进 5　　**24.** 马二进四　……

红方马行秘道，此着给黑方出了难题。

24. ……　车 3 进 3

黑方如马 7 进 6 去马，则炮六平五，将 5 平 4，马六退四，马 6 退 7，马四进五，红方胜势。

25. 马四进三　车 3 平 4　　**26.** 马三进四　车 4 平 6

27. 炮六平五　车 6 平 5　　**28.** 马四进五

图穷匕见！由此可见红第 23 着以兵换象的妙处。至此，红胜。

第 43 局　　凌波微步妙引车

图 1-43 为全国象棋个人赛上出现的一个镜头。双方战完 11 个回合后，现轮红方走子。此时盘面似乎很平静，且看红方如何行棋：

12. 炮八进一　……

红方凌波微步，飘然出击！

12. ……　卒 7 进 1　　**13.** 炮八平四　车 1 进 2

14. 炮四进四　象 7 进 9　　**15.** 车四平五　将 5 平 4

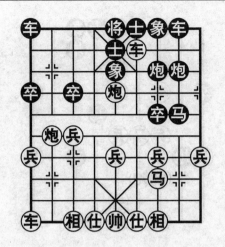

图 1-43

16. 炮四退八　　车1平4　　**17.** 车九平八　　象5退3

18. 炮五平六　　……

红方车口献炮,难道凌波微步的步伐也有误?

18. ……　　车4进1　　**19.** 车八进九　　……

图穷匕见,原来红方献炮为引离黑车至不能守象的死角。

19. ……　　车4进6　　**20.** 帅五进一　　炮7退2

21. 炮四进八

绝杀,无解。

第 44 局　　弃中卒飞马入阵

图1-44为全国象棋个人赛上一则红、黑双方走完21个回合后的中局形势。现轮红方走子:

22. 炮七进一　　……

红方如车七进一得子,黑则炮2平5,马五进六,炮7进8,帅五进一,车3平2,黑方攻势猛烈。

22. ……　　马6进4　　**23.** 车七进一　　车3进2

24. 炮七进四　　卒5进1

在枰面上没有大车的情况下,双方兵卒的力量是不可忽视的。那么黑方为何突然弃中卒呢?

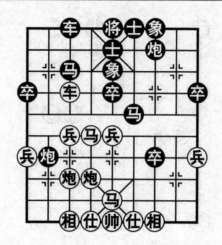

图 1 - 44

25. 兵五进一　炮 2 平 5　　**26.** 马五进六　马 4 进 6

图穷匕见！原来黑方第 24 着弃卒是为此时飞马入阵消除障碍。此招一出，红方难应。

27. 相三进一　炮 7 平 8

黑胜。

第 45 局　车砍炮力大无穷

图 1 - 45 为首届"来群杯"象棋名人战上两位巾帼英雄战至第 30 个回合时的中局形势。现轮黑方走子：

30. ……　　车 6 进 1

黑方弃车砍炮！石破天惊！一霎间便见楚弱秦强。

31. 仕五进四　车 8 进 7

图穷匕见。弃车砍炮，原来如此。

32. 马八进七　将 5 平 6　　**33.** 车八退七　　……

红方为解杀只好弃车。

33. ……　　车 8 平 2　　**34.** 仕四退五　马 4 退 5

以下，黑多子胜定。

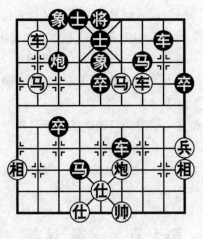

图 1－45

第46局　弃马运炮伏杀机

图 1－46 为一则红、黑双方以中炮过河车对屏风马左马盘河战至第 11 个回合时的中局形势。现轮黑方行棋：

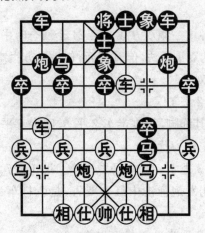

图 1－46

11. ⋯⋯　　　炮 8 进 6

黑进炮目的何在？是否打算解救黑 7 路马？

12. 车八平三　炮 8 平 1

黑方竟然不去保7路马,那么炮平1路目的又是为何?

13. 车三退一	炮2进7	**14.** 仕四进五	车2进8
15. 炮六进二	车8进8	**16.** 仕五进六	车8平7
17. 炮四退二	车2退1	**18.** 车四退四	车2平1
19. 炮六平九	炮1进1		

图穷匕见!至此,黑弃马运炮的目的跃然纸上。现红炮不能打车,否则黑炮 1平3,杀。

20. 炮四进一	炮1平3	**21.** 帅五进一	车1退1

至此,黑胜。

第十节　一 箭 双 雕

> 一箭双雕的成语解释为:做一件事达到两个目的或获得两种收获。棋战中的一箭双雕是一种一子两用的战术,可造成敌方失子、失势或致败。

第 47 局　妙用炮两发两中

图1-47为一则各攻一侧双方战至第24个回合时中局形势。目前红炮有平七捉马和平二叫杀的双重手法,乍看枰面,似乎黑方很难摆脱困境,现轮黑方行棋,且看黑方如何应对:

24. ……　　车2进1

黑方逼王起驾,乱其阵脚,如改走车2平8,则炮五平七,车8进1,车三进二,将5进1,车三退四,红方优势。

25. 帅五进一　马3进4　　**26.** 马二进三　炮3平7

黑方一箭双雕!此发炮弹击中红方要害,是既打车又有轰相造杀的双重手法。

27. 炮五进四　炮5平6

黑方弃炮捉车机警!黑方如误走炮5进4,则车三平五,将5平6,车五平四,将6平5,马三进五,红方优势。

28. 车三平四　炮7进3

黑方第二发炮弹命中更高。以下红无法阻止黑方车2退1的杀着,黑胜。

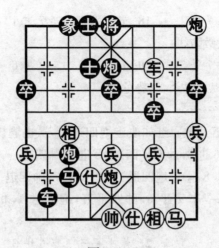

图 1 - 47

第 48 局 驱卒三进敌胆寒

图 1 - 48 为全国象棋锦标赛上的一个镜头,双方走至第 16 个回合时如图形势。观枰面,此时双方相互牵制,暂时平静。现轮黑方行棋,请看黑方如何找出突破口。

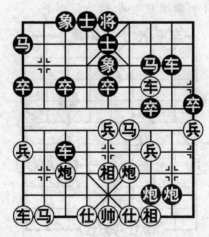

图 1 - 48

16. ……   卒 7 进 1   17. 马四进五   ……

黑方强渡 7 卒意在驱车。红如相五进三,黑则车 3 平 6,得子。

17.　……　　卒7进1　　**18.** 车三平四　卒7进1

黑卒连进三步，毁敌防线。

19. 炮四进二　马7进5　　**20.** 车四平五　车3平6

黑方一箭双雕！捉炮要杀，红势危矣！

21. 仕六进五　　……

临场红走仕六进五速败。红如改走炮四进二，虽也输棋，但能多撑时日，着法如下：炮四进二，车6进3，帅五平四，炮8进1，帅四进一，炮7平9，炮八平三，车8进6，帅四进一，车8退1，炮四退二，车8平7，帅四退一，炮8退1，帅四退一，车7进1，炮四平一，车7平6，帅四平五，炮8进1，相三进一，炮9进1，黑胜。

21.　……　　车6退1　　**22.** 炮七平三　车6进3

23. 马八进七　炮7平5　　**24.** 车九进一　炮8进1

至此，黑胜。

第49局　车点死穴双窥相

图1-49为全国象棋个人赛上出现的一则中局形势。双方战完32个回合后，现轮红方行棋。由于目前黑方叫杀，红方只得走：

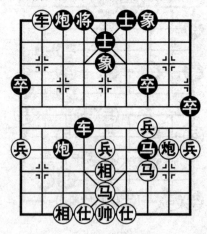

图1-49

33. 马五进七　车4进3

黑方进车点穴，一箭双雕。此招一出，红双相分别落入炮口和马口，且失仕何一相都会导致严重后果。

34. 相七进九	马7进5	**35.** 仕四进五	前炮平8
36. 车八退五	马5进7	**37.** 帅五平四	炮8退5
38. 车八平六	车4退3	**39.** 马七进六	炮8平6
40. 帅四进一	炮3进4	**41.** 仕五进六	炮3平6
42. 帅四平五	前炮平5	**43.** 帅五平六	炮5平4
44. 帅六平五	炮6平8		

黑胜。

第50局 马回老营双炮鸣

在 2006 年第二届"杨官璘杯"全国象棋公开赛上,佳局倍出。图 1-50 为一则双方走完 23 个回合后的中局形势。枰面上,黑炮正捉红马。此时红方走出:

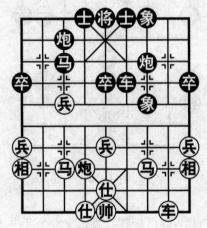

图 1-50

24. 车二平四 ……

由于红马道路不畅,红企图先兑车,后上马。岂料此着一出即陷入万劫不复的深渊。

24. …… 马3退5

一箭双雕!黑方回马保车,布下双炮打马的阵势。

25. 车四进六	马5进6	**26.** 炮六进四	卒5进1
27. 马三进四	炮3进6	**28.** 马四进五	炮7进1

目前,黑方多炮,现升炮邀兑,简化局势,招法简洁。

29. 炮六平四　　炮 7 平 5　　**30.** 炮四平九　　炮 5 进 3

31. 帅五平四　　卒 5 进 1　　**32.** 兵七进一　　卒 5 平 6

33. 兵一进一　　炮 3 退 3

至此,红子力涣散,无力抵抗,遂投子认负。

第 51 局　　马出阵一锤定音

图 1-51 为全国象棋个人赛上一则红、黑双方走完 27 个回合后的中局形势。观枰面,红方已呈胜势。以下请欣赏红方的临门一脚。

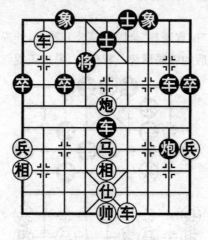

图 1-51

28. 马五进三

一箭双雕!踩车、抽车,红已必胜。黑如续走车 8 平 7,红则马三进四,车 7 平 6,车四进六,车 5 退 1,车八退一,将 4 退 1,车四平七,黑无法阻止红"双车错"杀。

第二章 战 术 攻 杀

战术攻杀,是实战对局中运用攻杀技巧的最高形式。

战术攻杀决定于对局面形势的认真分析,只有发现局面中存在战术攻杀的可能性,并通过精确计算,且战术手段选择适当,才可能成功。切忌随心所欲,盲目攻杀。

本章主要介绍以线路为主的战术攻杀,而第一章的谋略攻杀,则是战术攻杀的最高形式,故单列一章。本章内容包括第一节中路突破、第二节侧翼挺进、第三节两翼包抄、第四节抢占要津、第五节出其不意、第六节鬼手冷着、第七节破卫制敌,分别介绍七种战术的运用。

第一节 中 路 突 破

中路处于攻守要隘,在实战中为双方必争之地。实行中路突破战术,一般都用中炮做后盾。集中优势兵力,由中路直攻王城,是克敌制胜的最为有效的战术之一。

第52局 神炮轰士妙绝伦

如图 2-1 是黑龙江赵国荣与沈阳尚威以中炮过河车正马对屏风马两头蛇弈至第 10 回合后的棋局。

11. 兵五进一   ……

就当前形势而言,红方挺中兵,采用盘头马从中路突破,是最理想的进攻路线,表明红方大局观非常强。

11. ……   士 4 进 5   **12. 兵五进一**   马 6 退 8

黑方退马捉车,无奈之着。如改走卒 5 进 1 吃兵,则车六进五,炮 3 进 3,车六平四,黑要失子。

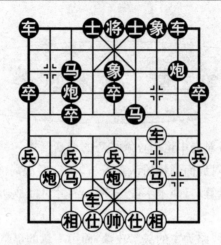

图 2-1

13. 车三平八　炮8平7　　**14.** 马三进二　卒5进1

15. 车六进五　炮3进3　　**16.** 马七进五　马8退6

黑方退马，加强防范。黑方如改走卒5进1，则车八平五，车1平2，炮八平六，马8退6，马二进四，马6进7，车六平三，炮7平9，车五进三！红有弃车强攻的凶着，黑难以应付。

17. 车六平三　炮7平9　　**18.** 炮五平二　……

红方卸炮轰车，转移主攻方向，灵活有力的一击。

18. ……　　炮9平8　　**19.** 马二进一　炮8平9

20. 马一退二　炮9平8　　**21.** 马二进四　炮8平9

22. 炮二平四　……

红方平炮胁马，为攻击黑方中路扫清障碍。

22. ……　　马6进7　　**23.** 炮八平五　马7进8

黑方进马捉炮，弄巧成拙，应改走马7进6，保护中卒，较为顽强。

24. 炮四进七！　……

红方炮轰底士，犹如石破天惊，出乎黑方意料，红方由此发起了猛烈的攻击，迅速入局取胜。

24. ……　　士5退6　　**25.** 炮五进三　士6进5

26. 车八平二　马8进6　　**27.** 马五退四　车8平9

28. 马四进二　将5平4

黑方出将无奈之着，如改走炮9平8，则车三进三，车9平7，马二进四，红方速胜。

29. 车三平六　士5进4　　**30.** 马二进四　象5退3

31. 车二进四

以下黑如接走车1进1,则车二平九,马3退1,炮五平六,绝杀,红胜。

第53局　惊心动魄杀声起

如图2—2是湖北李义庭与上海胡荣华以中炮盘头马对屏风马两头蛇弈至第16回合的棋局。红方炮镇中路,双车占据四、六路要道,中兵已渡河助战,红仍占先手,但黑炮已沉红方底线,双车占据2、8路通道,有较强的反击能力。

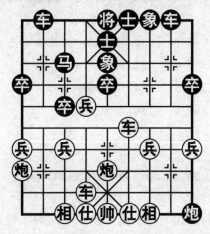

图2—2

17. 车四进四　车8进9

红方车塞象眼,准备炮轰中象,黑方并没有采取保象着法,而是车进红方底线,攻击红方右相,由此掀起激战高潮。

18. 炮五进五　士5进6　　**19.** 炮九平四　炮9平7

20. 仕四进五　车2进7

局势复杂,战斗进入白热化阶段。黑进车炮位,伏车2平6砍炮后,再抽得一车吃子的手段。如改走炮7平4,红只有两种应着,分别变化如下:①炮四退二,炮4平6,仕五退四,车2进9,车六退一,马3进4,车六进五,车2平3,车六退五,车8平6,帅五平四,车3平4,帅四进一,车4退7,车四退一,象7进5,车四进二,将5进1,车四退一,将5退1,车四退二,车4进6,帅四退一,车4进1,

帅四进一,车4平5,黑胜定。②仕五退四,炮4平6,车四进一,将5进1,车四平八,马3退2,车六进三,炮6平3,帅五进一,象7进5,兵六进一。红方虽少一子,但车炮兵占位极佳,黑方车马炮位置较差,而且士象残缺,局势虽仍很复杂,但红方很有机会。

21. 车四进一　将5进1　**22.** 车四退一　将5退1

黑方退将随手之着,错过取胜的绝佳机会,应改走将5进1,红如车六进三(如兵六进一,则炮7退1,仕五退四,车2平5,杀,黑胜),则炮7平4,炮四退二,炮4平6,仕五退四,车2平6,黑胜。

23. 车四退一　象7进5　**24.** 帅五平四　炮7平4

25. 帅四进一　炮4平6　**26.** 车四平五　马3退5

27. 炮四平五　车2平5　**28.** 车六平八　车5进1

29. 车八平五　车8退1　**30.** 帅四退一　车8平5

31. 兵六进一　车5平4　**32.** 兵六进一　卒5进1

33. 车五平四　马5进6　**34.** 车四退一　车4退6

35. 车四平五　将5平4　**36.** 车五退一

红胜。

第54局　布局失当败局定

如图2-3是广东许银川与沈阳苗永鹏以中炮对半途列炮弈至第9回合后的棋局。

10. 车八进六!　……

红方功夫老到,如改走炮八平五,则象7进5,车八进七,马3退5,红方无便宜。现红方进车后逼黑方兑炮,迫使黑马窝心,局面对红方有利。

10. ……　炮5平2　**11.** 车八进一　马7退5

黑方如改走马3退5,则车八平四,黑方不好应付。

12. 马七进八!　前车平1

红方马七进八着法有力,下一着马八进九,令黑方难以应付。黑方前车平1,目的就是制止红方马八进九,但过于消极,可改走卒3进1,马八进九,卒3进1,马九进七,车8进2,黑可先弃后取。黑卒3进1后,红如兵七进一,则车8平3,马八进九,红虽占优,但黑方也不乏反击机会。

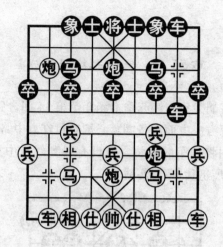

图 2 - 3

13. 马八进七　车 1 进 2　　**14.** 马七退六　车 1 平 4

15. 马六进五　马 3 进 4

黑方无奈之着，如兑马，红则炮五进四镇住窝心马，黑方败定。

16. 马五退七　马 4 退 6　　**17.** 车八平四　象 7 进 5

18. 车四退一　象 5 进 3　　**19.** 兵七进一　……

至此，黑已呈败象，问题的根源出在布局上。

19. ……　象 3 进 5　　**20.** 仕四进五　……

红方打象也可，补仕更显老练。

20. ……　马 5 退 3

黑如改走象 5 进 3 飞兵，则车四退三，炮 7 平 8（如车 8 进 6，则帅五平四，黑方失炮），车一平二，炮 8 进 2，帅五平四，象 3 退 5，车二进一，红方得炮得势胜定。

21. 车四退三　车 8 进 6　　**22.** 车一平二　车 8 进 3

23. 马三退二　炮 7 进 2　　**24.** 相三进一　……

红方精巧之着，为跳正马做准备，跳正马后还伏有退车捉死炮的棋。

24. ……　马 3 进 2　　**25.** 马二进三　炮 7 平 8

26. 兵七进一　……

红方实施最后攻击，如马三进四，黑亦难应付。

26. ……　马 2 进 1　　**27.** 兵七进一　士 4 进 5

28. 炮五进五　将 5 平 4　　**29.** 炮五平二

黑方认负。

第55局　空心之炮显神威

如图2-4是上海胡荣华与江苏季本涵弈至第14回合后的棋局。红方意图从中路发动猛攻,但黑方一方面准备摆窝心炮对付红方中路攻势;另一方面车正捉住红炮,又有平炮叫将抽车的威胁。但没有料到红方中兵借炮威力,冲锋陷阵,锐不可当,攻势发展迅猛,请看实战:

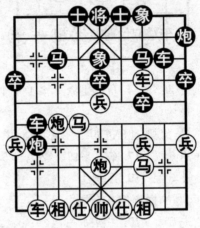

图2-4

15.兵五进一　炮9平5

面临红方从中路突破的攻势,黑方采取窝心炮应对是必然的。黑方另有三种应法,结果都属红优:①车2平3,兵五进一,马7进5(若士4进5,则兵五进一,将5进1,马三进五将军抽车胜),马六进五,马3进5,车三平五,红方大占优势。②炮2平5,马三进五,车2进4,兵五进一,车2退5,马五进四,车2平5(若马7进5,则马六进五,马3进5,车三平五,车2平6,车五平九,车6平5,兵五进一,士6进5,炮七进五,杀),马六进七,车5进3,相七进五,马7进5,马四进六,象7进5,炮七进三,红方得子。③士4进5,兵五进一,象7进5,马三进五,马3退4(若炮9进5,则炮五进五,士5进6,马六退七,车2退1,车八进三,车2进2,炮七平五,马3进5,车三平五),马六进七,车2退1,马七进六,马4进2,炮五进五,士5进6,马六退四,将5进1,炮五平三,红胜势。

16.兵五进一　炮5进6

黑如改走炮 2 平 5,则仕四进五,车 2 进 4,兵五进一,士 4 进 5,马三进五,红大优。

17. 相三进五	炮 2 平 5	**18.** 马三进五	车 2 进 4
19. 兵五平四	马 7 退 8	**20.** 马六进四	……

红方弃兵跳马抢先,并腾出空心炮位置,再次实行正面攻杀。

20. ……	车 8 平 6	**21.** 马四进六	车 6 进 4
22. 炮七平五!	车 6 退 5	**23.** 马五进七	车 2 退 8
24. 仕六进五	象 7 进 9	**25.** 车三平五	士 6 进 5
26. 车五平二	士 5 退 6	**27.** 车二进三	马 3 进 2
28. 马七进五	士 4 进 5	**29.** 马六退八	

至此,黑方如车 2 进 3 吃马,则红马五进三,抽将吃黑车胜定,黑方认负。

第56局 心理之战见成效

如图 2-5 是金波与吕钦以中炮进 3 兵与屏风马进 3 卒弈至红方第 12 着后的棋局。黑方不用常招出牌,弈出右横车的新变例,这会给红方心理上造成压力。红方下一着可平七路炮打黑方 6 路车,再伺机马踏中卒从中路突破,黑方有招不让红方的计划实现吗?请看实战:

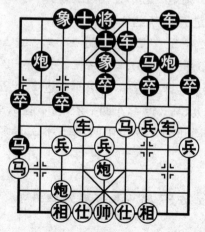

图 2-5

12. ……	卒 3 进 1

黑方挺卒欺车,这是一个令红方感到意外的奇招,使红方立刻背上沉重的

包袱。

13. 兵七进一 ······

红如改走炮七进三,则炮2进3,炮七进三,炮2平6,兵三进一,炮6退3,炮七平四,炮8平6,兵三进一,车8进5,车六平二,马7退6,黑得子略优。

13. ······ 马1进3	**14. 车六退二** 车6进4
15. 炮五平七 象3进1	**16. 车六进三** 卒7进1
17. 车六平九 卒7进1	**18. 车二进二** 马7进6
19. 车二平四 马6进4	**20. 车四退二** 卒7平6
21. 前炮平八 车8平7	**22. 车九平二** ······

红如改走相七进五,则炮8进7,车八平二,马4进5,车二退五,马5进3,帅五进一,车7进8,杀。

22. ······ 车7进9	**23. 炮八进二** 马4进3
24. 炮八平四 车7退3	**25. 炮四退二** 车7平5
26. 炮四平五 炮8平7	**27. 车二退一** 炮2进5

黑方伸右炮打炮,企图兑炮得相,这着巧手使红方的防线崩溃。至此,红若误走炮七平五,则炮2平5,炮五进二,炮7进7,红方速败。

28. 仕四进五 ······

红如改走车二退二,则炮7退2,仕四进五,马3退4,车二进二,炮2平3,炮七平八,马4进5,相七进五,车5进1,仍属黑优。

28. ······ 炮2平5	**29. 相七进五** 车5进1
30. 马九进七 车5平9	**31. 车二平三** 炮7进2

红方认负。因红若接走车三退一,则黑车9进2,仕五退四,炮7平5,车三平四,车9退2,马七进九,马3退4,车四平六,马4退6,马九退七,车9平5,炮七平五(若仕四进五,则车5进1,帅五平四,车5平3,黑多子胜定),车5进1,帅五进一,马6进5,杀。

第57局 气势逼人胜势浓

如图2-6是辽宁卜凤波与河北李来群以五七炮进三兵对反宫马进3卒弈至红方第10着后的棋局。红方采用弃双兵战术,换来了红二路车抢占河口的有利局面。

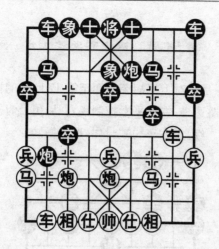

图 2—6

10. …… 卒 3 平 2

黑方亦可改走炮 2 平 3,则车八进九,炮 3 进 3,仕六进五,马 3 退 2,炮五进四,士 6 进 5,炮五退一,红仍持先手,但变化复杂,双方各有顾忌。

11. 兵九进一　炮 6 进 4　　**12.** 马九进八　炮 6 平 7

13. 相三进一　车 2 进 4　　**14.** 车二平六　士 6 进 5

15. 兵五进一　……

红方找到了正确的突破口,从中路突破,挺中兵就是中路突破的第一步,此步也使黑双炮处于不利境地。

15. …… 炮 2 平 6　　**16.** 车六进四　象 3 进 1

黑如改走车 2 平 3,则炮五退一,炮 6 退 5,车六退五,红将得子。

17. 兵五进一　车 9 进 2　　**18.** 车六退四　炮 6 退 6

黑如改走马 7 退 6,则车六平七,马 3 退 1,兵五进一,红方优势。

19. 车八进三　卒 7 进 1　　**20.** 车八平七　马 3 退 1

21. 相一进三　马 7 进 8　　**22.** 兵五进一　象 1 退 3

23. 马八进六　车 9 平 6　　**24.** 炮七进七……

红方连打带捉,先手一再扩大,现弃炮轰象,干净利落,一举获胜。

24. …… 马 1 退 3　　**25.** 兵五进一　车 6 进 5

26. 兵五进一　将 5 进 1　　**27.** 车七进五　将 5 退 1

28. 车六平五

红胜。

第58局　双炮齐发震九州

如图2-7是广东吕钦对上海胡荣华弈至第17回合的棋局。双方是中炮对半途列炮的阵式。红跳边马，左炮平七控制黑右马，黑及时挺卒跃马，再踏中兵，兑马后炮镇中路对攻。红、黑右车均被封住，形势微妙。

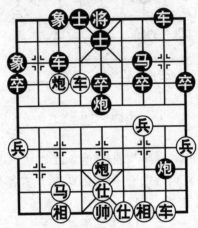

图2-7

18. 马七进六　……

红方佳着，伏炮七平五，马7进5，车六平五，炮5平3，车五平三，将5平6，马六进五，车3平8，车三平四，将6平5，马五进三，象3进5，马三进四，咬双车。

18. ……　炮5进2

黑如改走象3进5，则马六进四，象1退3，马四进五，马7进5（若炮8退4，则马五进三，炮8平4，车二进九，士5退6，车二平四，杀），车四平五，红方易走。

19. 马六进八　炮5退2		**20.** 马八进九　车3平2	
21. 炮七平五　象3进5		**22.** 帅五平六　将5平6	
23. 车二进一　车8进1		**24.** 车二平四　车8平6	
25. 后炮平四　车6平9		**26.** 炮四进五　……	

红方妙着连出，此着炮进士角打车更是精彩，黑方不能士5进6吃炮，否则车四进六，车9平6，车六进三，杀。又如黑走车2进7，则炮四平九，车9平6，车四进七，将6进1，炮九平三，车2平3，帅六进一，炮8进1，仕五进四，车3退1，帅六退一，炮5进4，帅六平五，红亦多子占优。

26. ‥‥‥ 象5退3　　27.炮四平五　车9平6

28.车四进七　将6进1　　29.前炮退二

红方多子胜势,黑方认负。

第59局　小兵限将立头功

如图2-8是火车头当梁文斌与河北刘殿中以中炮边马对屏风马左炮封车弈至红方第11着后的棋局。

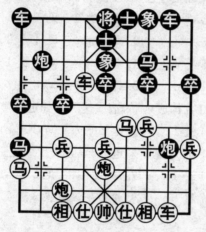

图 2-8

11. ‥‥‥ 炮2进3

红方跃马河口,不怕黑方炮8平3打兵,是一步争先的好棋。黑如炮8平3,则车二进九,炮3进3,仕六进五,马7退8,车六平八,炮2平3,车八退六,捉死黑炮,红优。现黑方炮进河口,看似是准备卒3进1逐马,实际是准备炮8平3打兵。

12.车六平八　卒1进1

黑如改走卒3进1,则马四进六,炮8平3,车二进九,炮3进3,仕六进五,炮3平1,炮七平八,马7退8,马六进四,马8进9,炮五进四,卒1进1,炮五退一,车1平4,车八进三!车4平2,马四进六,将5平4,炮五平六,杀。

13.马四进六　卒5进1

黑如炮8退3,则红炮七平六,黑将陷入困境。

14.炮五进三　卒3进1

黑再进一卒,是背水一战的下法,如改走炮8平3,则车二进九,炮3进3,仕六进五,马7退8,炮五退一,红攻势凶猛。黑方再如车8进4,则炮七进四,红优。

15. 兵三进一! ……

红方佳着,破坏了黑方车8进4捉炮的棋,保住了红方中炮对黑方的强大压力。

15. …… 炮8平3

黑如改走卒7进1,则红炮七平三,黑亦难以应付。

16. 车二进九 炮3进3   17. 仕六进五 马7退8
18. 仕五进六 卒3平4   19. 兵三进一 马1退3
20. 炮七平三! 将5平4   21. 车八退一 卒4进1
22. 炮五进一 车1进3   23. 兵三平四 马8进7

黑方进马漏着,被红方构成杀局,造成速败。如走车1平3,尚可一战。

24. 车八进四 将4进1   25. 炮三平六 马3进2

黑被迫进马,如马7进5,则炮六进二,黑方失子败定。

26. 车八退一 将4进1   27. 马六进八 炮3退6
28. 车八平七 马7进5   29. 兵四平三 象5进7
30. 炮六平五

黑难以解脱红兵五平六的杀着,遂停钟认负。

第二节 侧翼挺进

集中子力攻击对方一翼,称之为侧翼挺进战术。为了实现侧翼攻杀,集结兵力于一侧,迅速及时展开攻击,是非常重要的,在实战中经常运用。

第60局 跃马扬鞭战鼓擂

如图2-9是江苏徐天红与吉林陶汉明以中炮进三兵对屏风马进3卒弈至第10回合的棋局。双方前10个回合是轻车熟路,布局正常。

11. 马四进六 ……

红方策马疾进,取强攻之势。红方如改走马四进五,则马7进5,炮五进四,

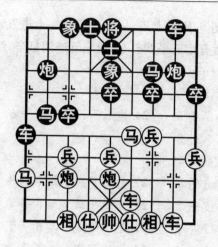

图 2-9

车1平7,局势相对平稳。

　　11. ……　　炮8进1　　**12.兵三进一!** ……

　　黑方炮8进1后,下一着就有车1平4捉马的棋。红方弃兵,强行突破,是对黑方施压的好着。

　　12. ……　　卒7进1

　　黑方如改走象5进7,则马六进四,炮8平6,车二进九,马7退8,炮五进四,象3进5,车四进五,马8进7,炮五退二,红方优势。

　　13.马六进四　　炮2退1　　**14.兵五进一!** 马7退9

　　黑方可改走车1平4,先占4路肋道,再伺机而动。

　　15.车二进三　　车8平6　　**16.车二平六**　　车6进2

　　17.兵七进一 ……

　　红方弃兵,目的是黑车吃兵后,红七路炮可对黑方3路线实施有效的牵制。

　　17. ……　　车1平3　　**18.炮七退一**　　马9退7

　　19.仕四进五　　马2退1

　　黑如改走马7进8,则车六平二,车6进1,车四进五,马8进6,车二进三,马6进5,炮五进四,将5平6,炮五退一,红方胜势。

　　20.车六平八　　炮2平3

　　黑方如改走炮2平1,则车八平二,炮1进6(如炮8平7,则马九进七,车3平4,车二进三,亦是红方优势),相七进九,车3进3,车二进三,红方优势。

　　21.车八平二　　炮8平7　　**22.车二进三**　　车6平7

黑方如改走炮7进6,则炮七进二,车3平4,炮七进五,马1退3,车四平三,炮7平9,车三进四,后有炮五平四打车,或炮五进四打卒,红方胜势。

23. 车四进四 ……

红方进车,着法紧凑。

23. …… **炮7进6**　**24. 炮五平三　车7平6**

25. 相七进五　车3进3

黑方一车换双,实属无奈。

26. 马九退七　炮3进7　**27. 炮三平四　炮7退3**

28. 车四退二　炮7进2　**29. 车四平二　车6平7**

30. 炮四平三　车7平6　**31. 炮三平四　车6平7**

32. 炮四平三　车7平6　**33. 炮三平四　车6平7**

34. 炮四平一 ……

红方几个回合的循环着法,目的是为了缓解紧张的时限,现炮四平一,是为了从边路突破。

34. …… **卒7进1**

黑方应改走炮7平9,严密防守。

35. 炮一进四　卒7进1

黑方速败之着,仍应走炮7平9,局势尚可支撑。

36. 炮一进三　士5退6　**37. 前车进一!车7平8**

38. 车二进四　炮3退2　**39. 兵五进一　士4进5**

40. 兵五进一　马1退2　**41. 兵五进一　象3进5**

42. 车二平五　马2进3　**43. 车五退四**

红胜。

第61局　贪图小利必上当

如图2-10是福建褚泉林与上海胡荣华以五六炮进七兵对反宫马进7卒弈至第13回合后的棋局。

14. 车二进二 ……

黑方以马为诱饵,引诱红进车吃马,红眼光短浅,果然上当,从此局势陷于被动。红方应改走车二退二,黑如炮1退1,则马六进四,车7进5,车二平三,炮1

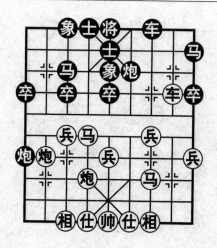

图 2-10

平 7,马三进二,红方易走。

14. ……　　　车 7 进 5　　　**15.** 马六退五　　车 7 平 3

16. 车二平一　炮 1 进 3　　**17.** 车一进一　士 5 退 6

18. 炮八平七　……

红如车一退三,则车 3 进 4,红亦不好应付。

18. ……　　　车 3 进 1　　　**19.** 炮六进五　车 3 进 3

20. 炮六平四　马 3 退 1　　**21.** 车一退三　马 1 进 2

22. 车一退二　马 2 进 3　　**23.** 车一平六　……

红方平车造成速败,但如改走帅五进一,则炮 1 退 4,车一进二,炮 1 进 3,帅五平四,车 3 退 2,黑方仍处于胜势。

23. ……　　　马 3 进 1　　　**24.** 帅五进一　马 1 进 3

25. 车六退二　车 3 退 1

黑胜。棋谚曰:"得子失势不可取,弃子得势必成功。"值得我们牢牢记住。

第 62 局　小卒直捣黄龙府

如图 2-11 是湖北李义庭与广东杨官璘以过宫炮对起马局弈至红方第 13 着后的棋局。

13. ……　　　炮 5 平 9

黑方卸中炮瞄红方边兵,试图侧袭红方右翼,是灵活有力的着法。

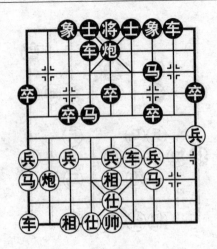

图 2-11

14. 炮八平六　车4平2　　**15.** 车四进四　车8进2

16. 车九平八　车2进8　　**17.** 马九退八　炮9进4

18. 马八进九　……

红方败着,黑炮沉底后会带来巨大后患,应走车四退七防守,黑马4进3吃兵,虽多卒占优,但红方可以支持。

18. ……　炮9进4　　**19.** 帅五平四　……

红如改走车四退六,则马4进5,马三进五,车8进7,车四退一,炮9平6,仕五退四,卒5进1,形成有车杀无车之势,黑方大占优势。

19. ……　士4进5　　**20.** 车四进一　车8进7

21. 帅四进一　车8退1　　**22.** 帅四退一　马7进8

23. 车四平二　马4进6　　**24.** 车二退二　卒9进1

黑进边卒,既可助攻,又可防止红方车二平一解危,可谓攻守兼备之着。

25. 兵九进一　卒9进1　　**26.** 马九进八　卒9进1

27. 兵五进一　卒3进1

黑弃3路卒,防止红方进马反击,紧凑有力之着。

28. 兵七进一　卒9进1　　**29.** 兵三进一　卒7进1

30. 兵七进一　卒7进1

红方不敌黑方车、炮、双马、双卒的联合攻势,遂停钟认负。

第63局　组合攻杀虎添翼

如图2-12是上海万春林与广东吕钦以中炮直横车对屏风马两头蛇弈至红方第15着后的棋局。

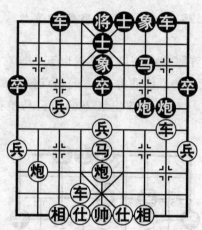

图2-12

15.　……　　车3进4

黑方进车吃兵,不怕红方八路炮进入黑方底线,真是艺高胆大。黑方如改走炮8平3,则车二进五,马7退8,兵五进一,卒5进1,炮五进三,红方易走。

16.炮八进七　炮8平9　　17.车二进五　马7退8

18.相七进九　炮7退3

红方飞边相准备跳相头马,再平炮打车,从左翼和底线向黑方发起猛攻。黑方巧手退炮,既可守住卧槽位置,又便于跳正马瞄准红方三路底相实施对攻。至此,红如接走马五进七,则马8进7,炮五平七,车3平2,炮八平九,炮7进8,仕四进五,炮9平8,仕五进四,炮8进5,帅五进一,象5进3,黑方易走。

19.兵五进一　马8进7　　20.兵五进一　　炮7进8

21.仕四进五　炮9平8　　22.炮五平二　马7进5

黑方马踏红中兵后,优势渐显。

23.车六进四　车3进2　　24.车六平二　车3平5

25.车二进一　马5进4　　26.车二平九　车5平8

27.炮二平三　炮7平9　　28.帅五平四　车8平7

29. 炮三平四　　马 4 退 6

黑车马炮三子归边成杀势,红认负。红方如接走车九平七,则车 7 进 3,帅四进一,马 6 进 7,炮四平三,士 5 进 4,车七退四,炮 9 退 2,车七进二,车 7 退 2,车七平三,车 7 进 1,帅四进一,车 7 平 6,杀。

第64局　找准目标炮齐发

如图 2-13 是黑龙江张晓平与广东吕钦以五七炮对屏风马进七卒弈至第 17 回合后的棋局。枰面形势谁优谁劣,双方的弱点各在哪里? 都是较难判断的问题,黑方下一着可走马 6 进 8 攻击红方的曲头马抢得先手,实战如何呢? 请看:

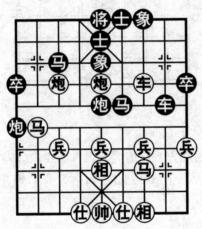

图 2-13

18. 炮七退一　　……

红如改走马八进六,则马 6 进 8,马六进七,炮 1 进 4,仕六进五,炮 5 平 2,仕五进四,炮 2 进 5,帅五进一,车 8 平 2,帅五平六,马 8 退 7,黑得车胜定。红方如接走炮七平三,则车 2 退 2,炮三进一,炮 2 平 3,马七进六,车 2 进 6,帅六进一,车 2 退 1,帅六退一,炮 3 退 1,马六退五,炮 1 退 1,帅六退一,车 2 进 2,杀。红如不走马八进六,而走兵五进一驱炮,则黑炮 1 进 4,仕六进五,炮 5 平 2,下一步有马 6 进 4 或马 6 进 8 的着法,黑方优势。

18. 　　……　　车 8 进 1　　　**19.** 马八退九　　马 6 退 7

20. 炮五平六　　车 8 平 4　　　**21.** 炮七退一　　炮 5 平 7

22. 马三退二　炮 1 进 1　　　**23.** 车三进一　车 4 退 2

24. 车三平二　炮 7 平 1　　　**25.** 马九退七　后炮平 2

26. 炮七平八　车 4 进 5　　　**27.** 马七进九　炮 2 平 1

　　虽然黑少双卒,但各子灵活,抓住红方边马及左翼弱点进行攻击,黑平炮打马,已使红防不胜防,红方如接走相五进七,则前炮平 5,车二退二,炮 5 退 3,再摆重炮杀。又如红接走炮八平九,则前炮平 5,仕四进五,炮 1 进 3,帅五平四,车 4 退 3,兵七进一,车 4 退 1,黑得子得势胜定。

28. 马九退八　车 4 平 2　　　**29.** 炮八平七　前炮平 5

30. 仕四进五　炮 1 进 5　　　**31.** 马二进三　炮 5 退 3

32. 车二退一　车 2 进 1

　　黑得子得势,红方认负。

第 65 局　迂回战术经典例

　　如图 2-14 是吕钦与刘军以对兵局后转列手炮布局弈至第 29 回合的棋局。红方多两兵,七兵过河,中兵也可渡河。黑方左翼空虚,红方针对黑方的弱点,向黑方的左翼发动攻势,请看实战:

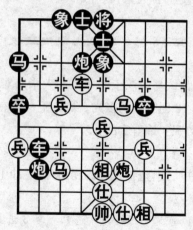

图 2-14

30. 车六平二　士 5 退 6

　　黑如改走车 2 平 6,则兵五进一,象 5 进 3,车二进三,士 5 退 6,炮四平一,炮 4 平 9,炮一进四,象 3 退 5,马四进五,象 3 进 5,车二退二,红先弃后取,得象占优。

31. 炮四平一　……

好棋,车马炮已成归边之势。

31. ……　象5退7

黑如改走士4进5,则炮一进七,象5退7,车二平三,象3进5,马四进五,红破双象大优。

32. 炮一进七	马1退3	**33.** 车二平五	马3进5
34. 马四进五	象3进5	**35.** 车五进一	士4进5
36. 车五平三	车2平3	**37.** 车三进二	士5进6
38. 车三退四	士6进5	**39.** 车三进四	士5退6
40. 马七退八	车3平1	**41.** 车三退三	士6进5
42. 车三平八	炮2退1	**43.** 马八进七	车1进3
44. 仕五退六	炮2平6	**45.** 车八平二	将5平6
46. 车二进三	将6进1	**47.** 炮一退三	炮6退3
48. 兵五进一	车1退4	**49.** 炮一退一	

黑方认负。若接走车1平6,则仕六进五,卒1进1,炮一平四,炮4进1,兵七进一,炮4进3,车二退三,捉死炮,红胜定。

第66局　跃马扬鞭摧皇城

如图2-15是广东吕钦与浙江于幼华以仙人指路对飞象开局,后转成中炮对拐角马的阵式弈至第12回合后的棋局。黑方下一着有马4进2的凶着,红方怎样控制黑方,稳住局势呢?请看实战:

13. 炮二平六　……

红方平炮打马,守住肋线,掩护红马跳拐角,然后冲中兵联手,是稳住先手的好着。

13. ……	马4进2	**14.** 马八进六	车3进8

黑如改走炮2进5,则马六进八,车3进7,车九平八,象5退3,马三进五,车3退1,马八退六,马2进3,马五进七,黑缺乏续攻手段,红则有炮六平七打串的攻着。

15. 炮八进五	炮9平2	**16.** 马三进五	马8进7

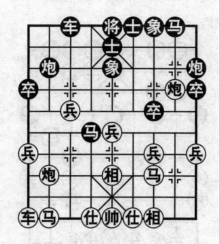

图 2-15

17. 兵五进一　马 7 进 8　　**18.** 兵九进一　马 8 进 7

19. 马五进七　马 7 退 5　　**20.** 车九进三　马 2 退 4

21. 车九平八　　……

黑方全力反击,跳马进车,看似凶恶,其实没有实效,红肋炮保护拐角马,构成一道坚固的防线,稳如泰山。黑方在久攻无果的情况下走出了马 2 退 4 的劣着,造成速败,应改走车 3 平 2,封住红车,把战线拉长。

21. ……　车 3 平 4　　**22.** 仕四进五　炮 2 平 4

黑如改走炮 2 平 3,则炮六平五,将 5 平 4,炮五退二,卒 9 进 1,兵五进一,马 4 进 3,马七退六,马 3 退 4,相五进七,炮 3 退 2,车八平六,炮 3 平 2,帅五平四,炮 2 进 5,车六平八,捉死炮,红胜定。

23. 车八进六　炮 4 退 2　　**24.** 马七进八　车 4 平 3

25. 相五进七

黑方认负,因接走象 5 退 3,车八平七,士 5 进 4,马八进六,将 5 进 1,红方以下有两种着法,结果均胜:①车七退一,将 5 进 1,兵五进一,将 5 平 4,炮六退二,马 5 退 4,兵六进一,杀。②车七平六,将 5 进 1,兵五进一,将 5 平 6,车六平四,杀。

第 67 局　缓手一招教训深

如图 2-16 是广东杨官璘与湖北李义庭以中炮过河车对屏风马平炮兑车弈

至红方第 12 着后的棋局。

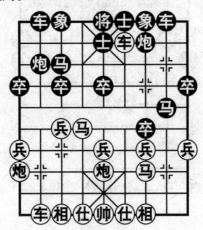

图 2－16

12. ……　炮7进5

黑如改走炮 2 退 1,则车四退三,卒 7 进 1,马三退五,红伏车八进七捉马和兵七进一兑兵的手段,并不难走。

13. 相三进一　炮7平8　　**14.** 马六进五　马3进5

黑方兑马,似有不妥,易被红方所制。黑方应改走炮 2 平 1 兑车,则车八进九,马 3 退 2,黑可对抗。

15. 炮五进四　象3进5　　**16.** 车八进五　卒7进1

17. 炮九平八　　……

红方平炮嫌急,应先逃马走马三退二,黑如接走炮 8 平 5,则马二进四,炮 5 退 1,再炮九平八,红占优。

17. ……　卒7进1　　**18.** 车八平四　马8退7

19. 炮八进七　马7进6　　**20.** 车四退三　炮8进3

21. 相一退三　车8进6　　**22.** 车四平五　卒1进1

黑挺边卒,嫌缓。应改走炮 2 进 7,红如接走炮五平九,则士 5 进 6,炮九进三,将 5 进 1,帅五进一,车 8 进 2,帅五退一,卒 7 平 6,车五平八,象 5 进 3,车八进三,将 5 进 1,车八退八,卒 6 进 1,车八进七,将 5 退 1,车八平四,卒 6 进 1,车四退七,车 8 退 2,黑方胜定。

23. 仕六进五　炮2平4　　**24.** 兵七进一　卒7进1

黑如改走卒 3 进 1,则车五平七,车 8 平 5,车七进四,炮 4 退 2,车七退六,炮

4进6,炮五平九,炮4平1,炮九平七,炮1进3,相七进五,将5平4,车七平五,红得车胜定。

25. 兵七进一 卒7平6 　　**26.** 兵七进一 车8进2

黑如改走车8平7,则炮五平九,士5进6,车五平二,车7进3,炮九进三,将5进1,车二进三,车7退8,车二退八,红亦胜定。

27. 车五平六 车8平7

黑如改走卒6平5,则炮五退五,车8平6,炮五进一,车6进1,帅五进一,车6平3,兵七平六,也是红方多子胜势。

28. 车六进二

黑如接走车7进1吃相(如卒6平5,则帅五平六,红胜),则红帅五平六绝杀,红胜。

第68局 神驹一退捉象赢

如图2-17是广东吕钦与河北李来群以五六炮对反宫马进7卒弈至第18回合后的棋局。

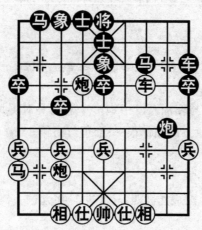

图2-17

19. 炮六进二 　……

红方进炮塞象眼,一着多用,既可兵七进一助七路炮威胁黑方底象,又可炮六平八压住黑马,是一步扩大先手的好棋。

19. ……　炮8退5 　　**20.** 相三进五 炮8平7

21. 车三平四　　象3进1　　**22.** 炮六平八　　车9平8

23. 兵九进一　　车8进2　　**24.** 车四退二　　车8平4

25. 仕四进五　　马2进4　　**26.** 炮八平七　　士5进6

27. 前炮平九　　炮7平6　　**28.** 车四平八　　车4平8

29. 仕五退四　　象1退3　　**30.** 兵七进一　　马4进3

31. 炮九进一　　……

红方九路炮进入黑方底线,对黑方有很大威胁,有利于攻击的展开。红方如改走兵七进一,则车8平3,相五进七,车3平6,炮七进四,车6进5,帅五进一,车6平4,相七退五,马7进8,车八平三,车4退8,炮九进一,马8进6,黑弃马后有强烈攻势,红反而被动。

31. ……　　马3进5　　**32.** 车八进三　　马5退7

33. 马九进八　　车8退3　　**34.** 兵七进一　　车8平1

35. 炮九平八　　将5进1　　**36.** 马八进六　　前马进6

37. 马六进七　　将5退1　　**38.** 马七退五

黑方认负,如接走马6退5,则车八平五,士6退5,炮七进七,杀。黑方又如接走马6退7,则马五进三,象5进3,车八平四,车1平7,车四进一,车7平6,炮七进七,杀。

第69局　炮打连营擒顽敌

如图2-18是吕钦与郭福人以中炮横车七路马对屏风马弈至红方第15着后的棋局。从表面看,双方局面都很平稳,但红方第15着兵九进一后,已经使黑方感到压力,请看实战:

15. ……　　马6退4

黑如改走炮8进3,则炮九进四,马3进1,兵九进一,马1退3,兵九平八,红方优势。

16. 马七进五　　炮2退1　　**17.** 炮九平七　　炮8进1

18. 炮七进四　　卒1进1　　**19.** 兵五进一　　卒1进1

黑方如改走卒5进1,则马五进六,炮2退1,兵九进一,红方优势。

20. 车八进一　　卒5进1　　**21.** 马五进六　　炮2平1

22. 车八进四　　马3退2　　**23.** 兵七进一　　马2进3

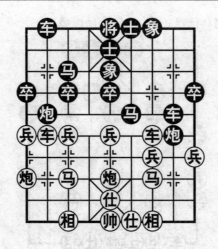

图 2 - 18

24. 车三平九　　车8平7　　**25.** 兵三进一　　车7平6

26. 炮五平七！ ……

红方制胜的关键之着,黑方必失一子。

26. ……　　炮1退2

黑如改走炮1平2,则兵七平八,炮2退3,后炮进五得子。

27. 前炮平八　　马3进4　　**28.** 兵七平六　　马4退3

29. 炮八平五

黑方认负。若接走炮1进1,则车九平七,车6退1,兵六平五,炮8退5,炮七进六,炮8平3,车七进四,红方得子胜定。

第三节　两翼包抄

　　进攻方左右夹击对方的将(帅),使之腹背受敌,顾此失彼,难以防御,因此这种战术也很厉害。

第70局　舍熟就生尝苦果

　　如图 2 - 19 是广东吕钦与吉林曹霖以五七炮进三兵对反宫马飞右象挺边卒弈至红方第10着后的棋局。黑方未按常规布阵,而采用冷门着法,但效果欠佳。

红右车压住黑马,三路兵已经过河,已显开局优势。

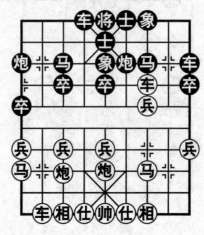

图 2 - 19

10. ······ 车 4 进 5

黑如改走车 4 进 4,则马三进四,车 4 平 7,车三退一,象 5 进 7,马四进五,马 3 退 4(若象 7 进 5,则马五进七,炮 6 平 3,车八进七,红方得子),马五退三,炮 6 平 5,炮七进四,红方多兵破象占优。

11. 车三平四	车 9 平 8	12. 兵三进一	马 7 退 8
13. 车四退二	车 4 进 2	14. 炮七进四	车 8 进 4
15. 车四平三	车 4 退 4	16. 炮五平七	炮 1 进 4
17. 车八进三	炮 1 退 1	18. 相七进五	车 8 退 2
19. 兵三进一	炮 6 进 6	20. 兵三进一	炮 6 平 7
21. 车三平二	车 8 进 1	22. 马三进二	马 8 进 7
23. 兵三平四	车 4 进 2	24. 马二进三	象 5 进 7
25. 车八进四	车 4 退 3	26. 兵七进一	炮 1 进 1
27. 兵七进一	马 3 退 4		

黑如改走炮 1 平 9,则前炮平九,炮 9 平 7,炮七进五,后炮退 3,炮九进三,红方胜定。

28. 车八进二	车 4 平 3	29. 仕六进五	象 7 进 9
30. 马九进七	炮 7 退 5	31. 前炮平三	车 3 退 1
32. 马七进八	车 3 进 3	33. 马八退九	车 3 进 2
34. 炮三平二	车 3 平 1	35. 炮七进七	马 4 进 5

36. 炮七退二

红抽吃黑马,多子胜定,黑认负。

第71局 马炮争雄传美名

如图2-20是吕钦与田长兴以顺炮直车对横车弈至红方第26着后的棋局。
红方兵种齐全,炮镇中路,又多三、七兵,形势占优。

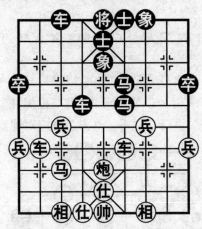

图 2 - 20

26. …… 后马退4

黑方不能走车3进5去兵,否则红车四进二,车4平6,车八进六,杀。

27. 车四进一	马6退7	**28.** 马七进五	车4平8
29. 炮五平三	马7进5	**30.** 车四进四	象7进9
31. 车四退二	马5进4	**32.** 车四退二	马4退3
33. 马五进四	象9退7	**34.** 马四进六	车8平4
35. 马六退四	马3进1	**36.** 兵九进一	马1进3
37. 马四进二	马3退5	**38.** 炮三平六	将5平4

39. 马二进三 ……

红方对黑方已取得了有效的控制,优势显而易见。

39. ……	马5退7	**40.** 车四进一	车4进1
41. 车八进一	车4进1	**42.** 车四退二	车4退2

43. 马三退四 车4进3

黑如改走车4退1,则马四进六,车3进2,车八进五,象5退3,马六进七,士5进4,车四进六,将4进1,车八退一,杀。

44. 仕五进六　马4进5　　**45.** 车八平六　士5进4

46. 车四进二

黑方认负。如接走车3进4,则马四进六,马5退4,车四进四,将4进1,车六进三,将4平5,车六进二,车3退3,车四平五,将5平6,车五平三,马7退9,车三平四,将6平5,车六平五,将5平4,车四退一,将4进1,车五退二,杀。

<h2 align="center">第72局　以奇制奇扩先手</h2>

如图2-21是广东吕钦与黑龙江王嘉良以顺炮直车对缓开车弈至第9回合后的棋局。双方着法不落俗套。如图形势,黑车正捉住红马,红如车七退一保马,则黑马3进2邀兑车,黑反夺先手。红方怎样应对呢?请看实战:

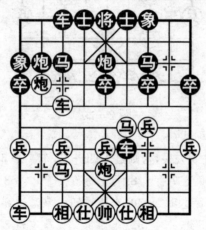

图2-21

10. 炮八平七　　……

红方巧施妙手,平炮打车而不顾骑河车在象口,黑如走马3退5,车七退一,炮2进4,马四进六,车6退2,马六进五,象7进5,车九平八,车6平2,兵五进一,马5退7,炮七进一,红方易走。

10. ……　　象1进3　　**11.** 炮七进三　士4进5

12. 马四进三　车6退3　　**13.** 炮五平三　象3退1

14. 炮七平九　卒5进1　　**15.** 车九平八　卒5进1

16. 仕六进五　　卒 5 进 1　　**17.** 马七进五　　马 7 进 5

18. 相七进五　　马 5 进 4　　**19.** 马五进六　　……

兑车后红虽有沉底炮,但左车晚出,孤炮难为,而黑趁机冲中卒从中路猛攻,形势趋于紧张。在这千钧一发的形势下,红方异常冷静,走出了马五进六兑子的妙着,不但化解了黑方的攻势,而且取得了战略上的优势。

19. ……　　马 3 进 4

黑如改走车 6 平 4,则马三进五,象 7 进 5,车八进七,车 4 进 1,车八平七,马 4 进 2,炮三退一,将 5 平 4,车七平八,红得子得势。

20. 车八进七　　将 5 平 4　　**21.** 车八进二　　将 4 进 1

22. 车八退一　　将 4 进 1

黑如改走将 4 退 1,则马三进二,士 5 进 6,炮三进七,士 6 进 5,马二进四,杀。

23. 炮九平三　　前马进 6　　**24.** 前炮退一　　士 5 进 6

25. 帅五平六　　炮 5 进 1　　**26.** 马三进四　　士 6 进 5

27. 前炮退一　　炮 5 退 1　　**28.** 车八平五

黑方认负。如接走炮 5 平 7,则车五退二,将 4 退 1,车五平四,炮 7 进 5,车四退三,将 4 平 5,马四退二,红多子得势,胜定。

第 73 局　　炮轰藩城春雷响

如图 2-22 是黑龙江赵国荣与广东吕钦以仙人指路对卒底炮转中炮对单提马弈至第 14 回合后的棋局。

15. 车九平六　　……

红如改走炮八平五,则马 7 进 5,车八进七,炮 9 平 2,车九进二,炮 2 进 6,黑方易走。

15. ……　　炮 3 平 7　　**16.** 兵九进一　　卒 7 进 1

17. 兵九进一　　……

红如改走炮八退三,则车 6 退 2,车六平四,马 7 进 6,兵九进一,炮 7 平 1,黑较优。

17. ……　　卒 7 进 1　　**18.** 兵九进一　　卒 7 进 1

19. 兵九进一　　车 2 平 1　　**20.** 炮六进七　　车 1 平 2

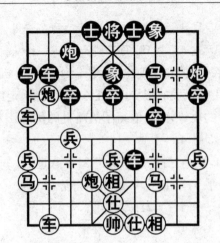

图 2 - 22

红炮轰士是急攻的体现,黑平车封住红方车炮是必然应着。

21. 炮八平九　车 2 进 7　　**22.** 马九退八　车 6 平 5

23. 马八进七　车 5 平 2

正着。黑如误走车 5 平 3,则红车六进三要杀,黑必走车 3 平 2 解杀,红车六平三吃炮得子胜势。

24. 炮六退二　象 5 进 7　　**25.** 炮六平一　象 7 退 9

26. 车六进二　马 7 进 8　　**27.** 马七进六　马 8 进 6

28. 马六进五　马 6 进 4　　**29.** 仕五进六　炮 7 进 8!

黑方弃炮轰相,犹如一声响雷,预示胜利捷报的到来。红如接走相五退三,则车 2 进 3,帅五进一,车 2 退 1,帅五退一,马 4 进 6,帅五平六,车 2 进 1,杀。

30. 仕四进五　车 2 进 3

红方认负。若接走仕五退六,则马 4 进 6,帅五平四,车 2 平 4,帅四进一,车 4 退 1,帅四退一,卒 7 进 1,相五退三,车 4 进 1,杀。

第 74 局　"联合舰队"显神功

如图 2 - 23 是河北李来群与上海胡荣华以顺炮直车对横车弈至第 14 回合后的棋局。双方短兵相接,红方仍持先手。

15. 车三退一　……

红方车三退一是稳健之着。红方如改走车三进三,则黑炮 7 平 1 后有攻势。

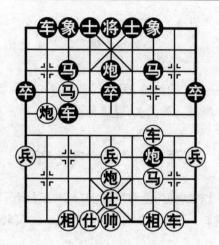

图 2－23

红方如改走马七进五,则象 3 进 5,车三退一,马 7 退 5,双方局势平稳,容易成和。

15. ……　　　车 3 退 1　　　**16.** 炮八平三　　　……

红炮解脱后平炮攻象,集中优势子力攻击黑方左翼,由此扩大了先手。

16. ……　　　马 7 进 6　　　**17.** 车三进一　　　车 3 平 4

黑方如误走马 6 进 5,则马三进五,炮 5 进 4,车三平五,车 3 进 3,炮三退二,炮 5 进 2,车五平七,车 3 平 5,仕六进五,红得子胜势。

18. 车三平四　　　马 6 进 4　　　**19.** 车二进九　　　……

红进车捉象,行棋干净利落,是大局观强的具体体现,由此打开黑方左翼缺口。

19. ……　　　车 2 进 4　　　**20.** 车二平三　　　士 4 进 5

黑方如改走车 2 平 6,则车四进一,马 4 退 6,炮三平二,炮 5 平 8,车三退四,马 6 进 4,车三进二,红方得子胜定。

21. 车三退三　　　……

红退车卒林,暗伏杀卒得车的妙手,黑方陷入困境。

21. ……　　　车 4 退 1　　　**22.** 炮三退一　　　马 4 进 2

23. 车四平七　　　将 5 平 4　　　**24.** 车七退一　　　象 3 进 1

25. 车三平五　　　炮 5 平 7　　　**26.** 车五平七　　　车 2 平 3

27. 炮五平六　　　将 4 平 5　　　**28.** 炮三平五　　　炮 7 平 5

29. 后车进二　　　象 1 进 3　　　**30.** 马三进二　　　马 2 进 4

31. 仕五进六　车4进3　　**32.** 帅五平四　马3退1

33. 车七平九　马1退3　　**34.** 车九进三　车4退5

35. 马二进一

　　红方下一步有马一进二的绝杀,黑方如要解杀,必走象3退1,红炮五平三要杀,黑方失子败定。黑见大势已去,遂推枰认负。

第75局　弃马杀象破敌阵

　　如图2-24是四川刘剑青与上海何顺安以中炮过河车对屏风马左马盘河弈至红方第13着后的棋局。红车正捉住黑炮,中路攻击又相当猛烈,局势明显占优。现轮黑方走子:

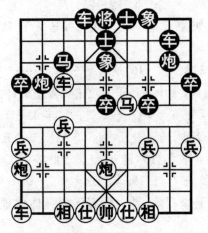

图2-24

　　13. ……　　炮8进7

　　黑方左炮沉底,想在混战中找机会。红如车七平八吃炮,则黑可车4进8,实施反击。黑也不能改走炮2进3,否则红车九平八,车4进6,马四进五,象7进5,炮五进五,黑亦难应付。

　　14. 马四进五!　　……

　　红方当然不会让黑方的意图实现,现进马抢先发动猛攻,是获胜的关键之着。

　　14. ……　　象7进5

　　黑如改走车4进8,则马五进七,将5平4,炮九平六! 车4退1,仕六进五,车 4 退 6(如车 4 进 1,则炮五平六,炮 2 进 3,车七平六,士 5 进 4,车六进一,车 8 平 4,车九平八,炮 8 退 3,兵七进一,红方胜势),车七进一,红胜定。

15. 炮五进五　士 5 进 6　**16.** 车九平八　马 3 退 1

17. 炮五平九　炮 8 退 4　**18.** 车七平五　车 8 平 5

19. 前炮平五　车 5 平 4　**20.** 炮五退二　士 6 进 5

21. 车五平八　……

红方抽炮弃仕,算度准确,有惊无险。

21. ……　将 5 平 6　**22.** 炮九平四　炮 8 平 6

23. 前车平二　前车进 8　**24.** 帅五进一　炮 6 退 1

25. 炮五进一　炮 6 退 1　**26.** 车二平四　后车进 8

27. 帅五进一　士 5 进 4　**28.** 车八进九　将 6 进 1

29. 车八退一　将 6 退 1　**30.** 车四平一

红胜。

黑方第 27 着士 5 进 4 后,红方另有弃车连杀的棋,着法如下:车四进一,将 6 平 5,车四进二,将 5 进 1(若将 5 平 6,则炮五平四,杀),车八进八,将 5 进 1,车四退二,将 5 平 6,炮五平四,杀。

第 76 局　窝心马祸起萧墙

如图 2-25 是南方棋院李鸿嘉与黑龙江赵国荣以中炮对右三步虎弈至第 9 回合后的棋局。

10. 马七退五　……

红方退马窝心的目的是七路炮正打着黑 3 路马,黑如逃马,则炮五进四打中卒形成空心炮,黑如补象,则炮五进四叫将抽车。红方的如意算盘能够实现吗?请看实战:

10. ……　车 4 进 2!

黑方毅然进车九宫,弃马争先,一举击中红方窝心马棋形的要害!

11. 炮七进六　车 9 进 1　**12.** 炮五进四　马 8 进 7!

黑方一手进马巧兑,轻灵地把红方双炮的剑气化解于无形之中,由此步入佳境。

13. 炮七平二　车 9 平 4　**14.** 马五进六　前车退 2

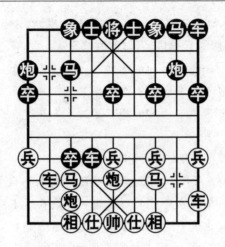

图 2—25

15. 仕四进五　　马 7 进 5

经过巧妙兑子后,黑方不但追回了失子,而且占据明显优势。黑方一系列精彩着法,令人赞叹不已。

16. 车八进五　　马 5 进 3　　**17.** 车八平七　　马 3 进 2

18. 炮二退三　　……

红如改走炮二平九(若车一平四,则马 2 进 3,帅五平四,前车进 3,仕五退六,车 4 进 8,黑胜),则后车平 6,仕五退四,象 3 进 1,下一步黑象 1 进 3 后,再卒 3 进 1,或车 6 进 6,黑方都大占优势。

18. ……　　　后车平 6　　**19.** 炮二平七　　炮 1 进 4

20. 车一平二　　……

红如炮七进五打象,则士 4 进 5,车七平八,车 6 进 4,红亦难下。

20. ……　　　车 6 进 5　　**21.** 车七退一　　卒 1 进 1

22. 相三进五　　象 3 进 5　　**23.** 车二进三　　炮 1 进 2!

黑方下一着准备炮 1 平 3 邀兑,一举奠定胜局。红方看到无论兑炮与否,均已无法防范黑方马 2 进 3 卧槽的杀势,故主动推枰认负。

第 77 局　轻举妄动酿成灾

如图 2—26 是广东吕钦对四川李艾东以五七炮对屏风马进 3 卒弈至第 11 回合后的棋局。黑方采用马踏边兵再伸右炮的冷门变着,故意暴露左马失根的

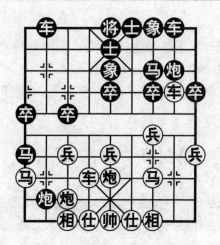

图 2－26

弱点,诱红车二平三吃卒捉马,以下自己可炮 8 进 4,车三进一,炮 8 平 7 打死车。红方自然洞察这个陷阱,不会使黑方的计谋得逞。请看实战:

12. 马三进四 ……

红方跃马河口是目前最强有力的着法。看似平淡,实则有多种作用,可谓意味深长。最令黑方担心的是红马四进六再马六进四卧槽要杀,黑方不得不防。

12. …… 炮 8 平 9

黑如改走炮 2 退 5,则车六平八,炮 8 平 9,车二进三,马 7 退 8,炮七平八,炮 2 退 1,车八进一,卒 1 进 1,炮五平八,红方得子。

13. 车二平三 炮 9 进 4

黑进炮打兵,勉强进攻,如改走车 8 进 2 保马,则兵三进一,黑亦难应付。

14. 兵三进一 车 8 进 5 **15.** 马四进六 车 2 平 4

16. 炮七平六! ……

红方看似是加强对河口马的守护,实则暗伏陷阱。

16. …… 炮 2 退 7

黑如改走马 7 退 8,则马六进四,马 8 进 9,炮六进八,马 9 进 7,兵三进一,士 5 退 4,炮五进四,象 5 退 3,车六进六,炮 2 平 7,车六平五,杀。

17. 车三进一 炮 9 进 3 **18.** 炮五平三 车 8 平 6

黑如改走车 8 进 4,则炮六平三,车 8 退 1,兵三平四,黑亦难应付。

19. 仕六进五 车 6 平 8 **20.** 炮六退一 车 8 进 4

21. 相七进五 马 1 进 3 **22.** 车六平七 车 4 进 4

23. 车七平八

黑方少子,又缺乏对攻手段,故主动认负。黑方如接走炮 2 平 3,则仕五进六,车 4 平 5,车八进七,炮 3 退 1(若士 5 退 4,则车八平六),车八平七,象 5 退 3,车三平二,车 5 平 7,车二退七,车 7 进 3,车二平一,红净多两子,双方子力悬殊,仍是红方胜定。

第四节 抢占要津

实战中积极调动兵力,迅速、及时地占领重要线路或要点,取得战略要津,达到攻杀致胜的战略目标,称为抢占要津。

第 78 局 轻动小兵意深远

如图 2-27 是广东吕钦与吉林陶汉明以仙人指路对飞象局,后定型为中炮七路马对屏风马横车阵势弈至第 26 回合的棋局。双方兑子后局面相对平稳,红仅多一个小兵,黑方唯一的弱点就是巡河炮被红车牵制,红方怎样抓住这一弱点呢?请看实战:

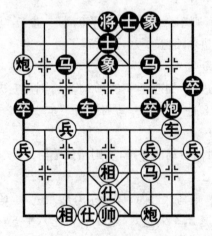

图 2-27

27. 兵一进一 ……

红方轻轻挺起边兵,暗伏马三进一,再兵一进一捉炮的手段,是当前唯一的进攻途径。

27. …… 　　马 3 进 5 　　**28. 炮九平三** 　　马 5 退 7

29. 马三进一 　　车 4 退 1

黑如改走卒 7 进 1,则兵三进一,马 7 进 5,兵一进一,炮 8 平 5,车二进二,红方优势。

30. 兵一进一 　　卒 9 进 1 　　**31. 马一进二** 　　车 4 平 8

32. 炮三平二 　　马 7 进 8 　　**33. 炮二进五** 　　卒 9 进 1

34. 车二退二 　　将 5 平 4 　　**35. 兵三进一** 　　卒 7 进 1

36. 相五进三

红伏车二平六叫将脱身,则车炮有兵可成胜局。至此,黑方认负。如接走将 4 平 5,则兵七进一,象 5 进 3,炮二平五,车 8 平 5,炮五平九,红车炮兵可胜黑车卒士象全。

第79局　攻击脱节必受挫

如图 2 - 28 是杨德琪与吕钦以中炮过河车对屏风马平炮兑车弈至红方第 17 着后的棋局。红方弃中兵后再平炮塞象眼,下一着可炮轰中象实施猛攻。黑如跳盘头马抵挡,红可左马盘河咬马,黑如炮 1 进 1 保中象,红可先车四退二再平七吃卒捉马,黑都陷于被动。怎样应对这一紧张局面呢? 请看实战:

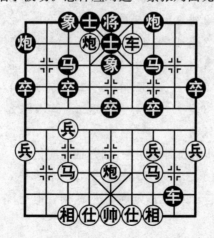

图 2 - 28

17. ……　　車 8 平 4　　**18.** 仕四进五　　……

红方进仕软着。应改走炮五进五,以下士 5 退 6,车四退一,马 7 进 8,炮五平六,士 4 进 5,前炮退七,士 5 进 6,双方各有顾忌。

18. ……　　马 3 进 5　　**19.** 炮六平八　　卒 5 进 1

黑方跳盘头马后又中卒过河,立呈反先之势。

20. 马七进八　　车 4 平 3　　**21.** 车四退二　　车 3 退 3

22. 马八进九　　马 5 进 6　　**23.** 炮八进一　　马 6 进 5

24. 相三进五　　车 3 平 4　　**25.** 马九进八　　卒 3 进 1

26. 兵三进一　　卒 7 进 1　　**27.** 相五进三　　车 4 退 4

28. 马八退七　　车 4 进 1　　**29.** 炮八退七　　车 4 平 2

30. 炮八平七　　车 2 进 5　　**31.** 炮七平四　　马 7 进 8

32. 车四平二　　马 8 进 7　　**33.** 车二平三　　卒 5 平 6

34. 相三退五　　车 2 退 1　　**35.** 炮四退二　　车 2 平 1

36. 炮四平一　　马 7 退 6　　**37.** 马三进四　　车 1 平 9

38. 炮一平四　　马 6 进 4　　**39.** 马七退九　　炮 7 平 6

40. 炮四平二　　车 9 进 3　　**41.** 炮二平三　　士 5 进 6

42. 马四退二　　象 3 进 1

黑士 5 进 6 和象 3 进 1 驱赶两匹红马,是发动总攻的序幕。

43. 马九进七　　马 4 进 2　　**44.** 车三平六　　象 1 退 3

45. 车六退三　　马 2 进 3　　**46.** 车六退二　　马 3 退 2

47. 车六平八　　马 2 退 4　　**48.** 马七退五　　士 4 进 5

49. 车八进三　　马 4 进 3　　**50.** 车八退一　　炮 1 平 1

51. 马二退四　　卒 9 进 1　　**52.** 车八平二　　卒 9 进 1

53. 马四进三　　马 3 退 4　　**54.** 马三退二　　车 9 平 8

55. 马五退三　　马 4 进 6

黑马 4 进 6,下一步准备卧槽叫杀,红方难以应付。

56. 车二平三　　车 8 退 2　　**57.** 车三平四　　车 8 平 7

红方认负。如接走车四平五,则炮 3 进 8,相五退七,车 7 进 2,仕五退四,车 7 退 4,黑方多子胜定。

第80局 皇上亲征传捷报

如图 2-29 是广东许银川与河北张江以顺炮直车对缓开车弈至红方第 12 着后的棋局。

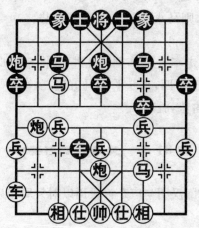

图 2-29

12. ……　　车 4 平 3

黑如改走卒 7 进 1,则炮八平三,马 7 进 6,车九平四,也是红优。

13. 兵三进一　车 3 退 1　　**14.** 马七进九　象 3 进 1

黑如改走炮 5 平 1,则炮八退二,也是红优。

15. 炮八进四　车 3 平 7　　**16.** 车九平七　马 7 退 5

17. 炮八平六　马 3 退 2

黑如改走马 5 进 7,则车七进六,车 7 进 2,炮六平三,红方优势。

18. 炮六退六　车 7 退 1　　**19.** 马三进四　马 2 进 3

黑如改走炮 5 进 4,则红可炮五进四反打中卒,红方优势。

20. 炮六进五　马 3 进 4　　**21.** 马四进五　炮 5 进 4

22. 仕六进五　车 7 退 1　　**23.** 帅五平六　　……

红方出帅既可使马生根,又可使中炮发挥威力控制局面,是一步精彩之着。

23. ……　　象 7 进 5　　**24.** 炮六平八　马 5 退 3

25. 炮八进二　士 6 进 5　　**26.** 车七进三　炮 5 进 2

27. 马五退六　炮 5 平 1　　**28.** 车七进四　车 7 退 2

黑方退车保士是无奈之着。黑方如改走车 7 平 5,则车七平六,车 5 进 1,马六退四,车 5 进 2,车六退三,红方得子胜势。

29. 车七平六　马 4 退 3　　**30.** 马六进八　　……

红方进马硬捉黑马,可谓一击中的!

30. ……　　马 3 进 5　　**31.** 车六退二　车 7 进 3

黑如改走车 7 进 2,则马八进七,红亦得子胜势。

32. 马八进九

黑方认负。黑如接走车 7 退 1,则马九进七,将 5 平 6,马七退五,车 7 平 6,仕四进五,将 6 进 1,炮五平四,车 6 平 8,马五进三,车 8 平 7,马三退四,士 5 进6,车六平五,红亦多子占势,胜定。

第 81 局　灵活运动占要津

如图 2-30 是吉林陶汉明与广东许银川以对兵局转兵底炮对还架中炮弈至红方第 19 着后的棋局。

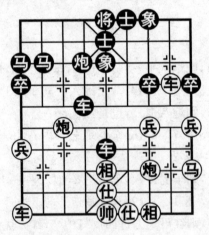

图 2-30

19. ……　　马 2 进 1

黑方进马瞄炮,蓄势待发,为反击做好准备。

20. 车二平三　　……

红如改走兵九进一,则前马进 3,相五进七,车 4 进 2,车二平三,车 5 退 1,车三平九,象 5 退 3,可伺机摆中炮,黑方优势。

20. ……　　后马进3　　21.炮七平九　　炮4进1

黑方升炮,准备平中,是扩先取势的有力之着。

22.车九平七　　炮4平5　　23.兵三进一　　马3进4

24.车七平六　　车4退2　　25.马一进二　　车5平1

26.车三平五　　……

红方舍车啃炮是无奈之着。红方如改走马二进四(如炮九平八,则马1进2,黑方胜势),则马4进2,车六进七(如车六平七,则马2进3,车七进一,车1进3,黑胜),车1进3,车六退七,马2进3,黑方速胜。

26. ……　　马4退5　　27.车六进七　　士5进4

28.炮九进二　　马1进2　　29.炮九平六　　马5进7

红方少子不敌,遂停钟认负。

第82局　千里之马显神威

如图2-31是广东吕钦与上海胡荣华以五六炮两头蛇对反宫马直横车弈至第11回合后的棋局。双方不落常套,着法新颖,都力争在对攻中占得先机。

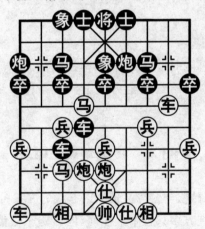

图2-31

12.马六进八　　……

红马直奔卧槽,体现出红方喜攻好杀的棋艺风格。

12. ……　　车4退4

黑如改走炮1平2,则马八退九,炮2进3,马九进八,卒7进1,车二进一,卒

7进1,车二平三,马7退9,车九平八,炮2进1,车三进二,士6进5,车八进三,车3平2,马七进六,车2退3,车三平一,红方得子。

13. 车九平八	车4平2	14. 兵七进一	象5进3
15. 炮五平三	炮6平5	16. 兵三进一	卒7进1
17. 车二平三	马7退9	18. 炮三平二	炮5平8
19. 炮六平四	象3退5	20. 车三进一	车3退2
21. 相七进五	车3平7	22. 车三退一	象5进7
23. 炮四进四	炮8进1	24. 马七进六	……

红方炮四平一打边卒也很实惠。

24. ……	象3进5	25. 马六退四!	马3退5
26. 马四进三	马5退3	27. 炮二进二	炮1平2
28. 车八平七	车2平7	29. 马三进一	马9进7
30. 炮四平三	车7平4	31. 炮二平三	马7进9
32. 前炮平一	士6进5	33. 炮三进二	卒5进1
34. 车七进四	卒3进1	35. 车七平二	炮8退1
36. 炮一进三	将5平6	37. 炮三进三	将6进1

38. 炮三平七

红方得子得势,胜定。

纵观本局,红方左马随时可以卧槽,牢牢控制住黑车,使黑方子力调配发生困难,进而步数发生亏损,给红方全力攻击创造条件。一招致胜的情况就是如此。

第 83 局　千里马灵光四射

如图 2-32 是广东吕钦与台湾吴贵临以五八炮进三兵对屏风马进 3 卒弈至第 21 回合后的棋局。红方多兵且中兵渡河,但二路车被黑方封锁,怎样打开局面,扩大先手呢? 请看实战:

22. 炮九进四	卒7进1	23. 仕六进五	卒7进1
24. 相五进三	马3进2	25. 兵九进一	马2进3
26. 马九进八	马3进4	27. 马八进六	象5退7
28. 炮九退三	……		

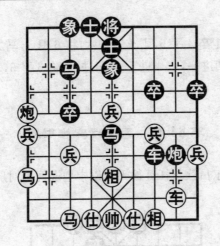

图 2-32

红方边马乘机跃出,逼黑方退象,红炮退三后有平中叫将抽马的棋,逼黑方兑马,从而打开了局面,确立了优势,展示了红方深厚的功力。

28. ……	马4退3	29. 马六退七	马5进3
30. 相三退五	象7进5	31. 炮九平五	马3进1
32. 马七进八	车7平2	33. 车二进一	马1退2
34. 兵九平八	卒3进1	35. 马八退六	卒3平4
36. 马六进五	……		

红方妙着,马跳中路,切断了黑方车、炮的联系,为入局取胜奠定了基础。

36. …… 马2进4

黑如改走炮8平6,则马五进四,炮6平8,车二平三,将5平6,马四进三,以下黑方有两种变化:①将6平5,马三退一,炮8平7,马一进二,车2平6,车三进一,车6平7,马二退四,将5平6,炮五平四,杀;②将6进1,车三进四,车2平6,兵五平四,车6退2,车三平二,车6进2,炮五平一,象5进7,炮一进一,马2进4,车二进二,杀。

37. 仕五进六	炮8平6	38. 马五进四	炮6平8
39. 马四进二	将5平6	40. 炮五平四	车2进3
41. 帅五进一	车2退1	42. 帅五退一	车2进1
43. 帅五进一	车2平6	44. 兵五进一	炮8平5
45. 相五退七	将6进1		

黑方如改走将6平5,则马二进三,将5平6,炮五退五,黑亦败定。

46. 车二平三

黑方认负。若接走卒 4 平 5,则车三进六,将 6 退 1,马二进四,车 6 退 6,兵五平四,士 5 进 6,兵四进一,士 4 进 5,兵四进一,将 6 平 5,车三进一,士 5 退 6,车三平四,杀。

第84局　天马行空炮助威

如图 2-33 是广东吕钦与江苏徐天红以中炮巡河炮对屏风马外肋马弈至第 20 回合后的棋局。

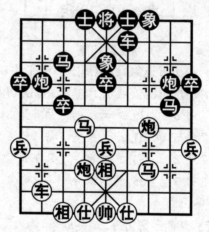

图 2-33

21. 马六进七　……

红方进马好着,破坏黑方担子炮。算准兑子后红车可以封住黑方无根车炮,黑车如要有根,必造成步数上的损失,有利于红方进取。

21. ……	车6平2	**22.** 炮六平七	炮8平3
23. 炮七进四	炮2进4	**24.** 马三进二	车2进4
25. 兵一进一	炮2退1	**26.** 仕四进五	车2退5
27. 车八平六	炮2进3	**28.** 车六进三	卒5进1

29. 炮三进二　……

红方巧进右炮,一可防止黑车 2 进 3 捉炮;二可伺机炮七平一打卒,为边兵渡河攻马及沉炮创造条件;三是让出马路,便于跳马二进四,再马四进二,发挥马的攻击作用,是一着多用的佳着。

29. …… 士4进5 **30.** 炮七平一 卒5进1

31. 车六平五 马3进4 **32.** 马二进四 马4进3

33. 车五平六 车2平4

黑如改走马3进5,则马四进二,马5进7,帅五平四,马8退6,炮三平九,车2进8,炮九平五,马6退8,马二进四,马8退6,炮一平四,马7退6,炮四进二,马6进5,炮四平三,红胜。

34. 车六平八 马3进5

黑如改走马8退9,则炮三平五,炮2平1,马四进二,车4进2,车八进五,车4退2,马二进四,杀。

35. 炮三平五 马5进7 **36.** 帅五平四

黑方认负。若接走车4进4,则车八进五,车4退4,车八退九:①马8退9,马四进二,车4平3,车八进六,马7退8,马二进四,将5平4,车八平六,杀;②车4进4,车八进九,车4退4,车八退七,车4进4,马三进五,车4平6,仕五进四,将5平4,车八进七,将4进1,马五退七,将4进1,车八退二,杀。

第85局 车炮联手风云起

如图2-34是广东吕钦与福建郑乃东以顺炮直车对横车弈至第23回合后的棋局。乍看起来,红方可走车二平九,以下车3平4,车九平三,车4退2,炮二进七,象9退7,车三退二,车4平8,车三进四,马4进5,黑方取得对攻机会。实战如何呢? 请看:

24. 车二平三! ……

红方不吃黑方边马,而是平车三路,让出沉炮攻杀之路,真是精彩至极! 黑方不能车3平4吃红马,因红方炮二进七,象9退7,车三进二,将5平4,车三退四抽车胜定。

24. …… 象7退5

黑如改走士5进6,则炮二进七,将5进1,炮二退四,将5平4,相五进七,马4进3(若卒5进1,则炮四平六,将4平5,炮二平五打死黑车),炮四平六,将4平5,马六进七,将5退1,炮二平七,黑方丢车。

25. 炮二进七 象5退7 **26.** 马六退四 马4进3

27. 车三平一 前炮平2 **28.** 车一平三 马3退4

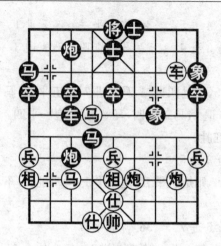

图 2-34

29. 炮四平三　将5平4　　**30.** 炮三进七　将4进1

31. 车三平九　车3平7　　**32.** 炮三退三　车7平6

黑如改走马4进5,则红炮二退一,士5进6,炮三进二,将4退1,车九进二,炮3退1,车九平七,杀。

33. 炮二退一　车6退3　　**34.** 炮三退二　马4退6

黑如改走车6平8,则炮三平六,车8进2,车九平六,将4进1,马四进六,杀。

35. 车九平四　车6平8　　**36.** 车四退二　炮2平9

37. 车四平六　士5进4　　**38.** 马四进五　将4退1

39. 车六进二　将4平5　　**40.** 炮三平五　炮3平5

41. 马五进四

黑方认负。若接走炮5进5,则车六进二,将5进1,马四进五,杀。

第86局　炮镇中路控敌营

如图2-35是浙江陈孝堃与云南陈信安以仙人指路对卒底炮转中炮对单提马弈至红方第13着后的棋局。

13. ……　　炮8退1

黑如改走车6进2,则车八进二,车1平2,车一进二,车6退2,车一平四,将5平6,车八平四,炮8平6(若将6平5,则仕四进五),马六进五,黑方难以应付。

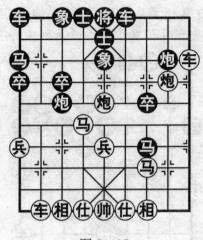

图 2-35

14. 炮二平五！　……

红方再镇中炮，伏有车一平五硬砍中象的攻杀手段，令黑方顿感难以招架。

14. ……　　马1退3　　**15.** 车一平二　　炮8平9

16. 马六进七　　炮9进3

黑如改走马7退6，则马三进二，卒7进1，马二进三，红亦大占优势。

17. 后炮平一　　炮3平9　　**18.** 车八进八

红方进车捉马，擒得一子奠定胜局。黑如接走马3进4，则车八平六，马4进3，马七进八，绝杀，红胜。

红方只用18着就攻下黑方城池，在大赛中非常罕见，实属振奋人心的上乘佳构！

第五节　出其不意

实战对局中由于疏忽产生错觉，就会丧失主动权。因而有计划迷惑对方，使之造成错觉，出其不意、攻其不备，也是攻杀战术的一种技巧。

第87局　弃子妙杀传佳话

如图 2-36 是湖北柳大华与云南郑丰年以飞左相对右过宫炮开局弈至红方

第18着后的棋局。红方第18着兵五进一,置二路炮的安危于不顾,是一步满座皆惊的妙手!红方可以先弃后取,争取主动,令人回味无穷。

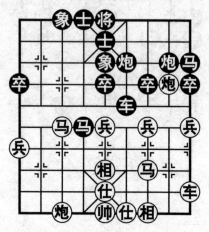

图 2－36

18. ……　　　车 6 平 8

黑可改走象 5 进 3,红如走车一进二,则炮 6 平 4,红暂无计可施,黑方局势相对平稳。

19. 车一进二!　　车 8 退 1

黑如改走马 4 进 5 吃相,则炮七进九,象 5 退 3,炮二平五,炮 6 平 5,相三进五,红方优势。

20. 车一平六　　车 8 进 4　　**21.** 炮七进二　　马 4 退 3

22. 炮七进四　　……

红方再次弃子,精妙至极。红方如不弃子而走马三进四,则车 8 退 3,炮七进四,车 8 平 6,车六平二,炮 8 平 7,马四退三,仍是红方优势,不过取胜的道路还很漫长。选择弃子而谋取攻势的方案,体现了红方敢于拼搏的可贵棋艺风格。

22. ……　　　车 8 平 7　　**23.** 车六平二　　炮 8 平 7

24. 马七进六　　车 7 进 1　　**25.** 兵五进一　　……

红方进中兵咄咄逼人,不让黑方有丝毫喘息之机。

25. ……　　　车 7 平 6　　**26.** 兵五进一　　卒 7 进 1

27. 炮七退五　　……

红方行棋秩序井然,先消除黑 7 路炮对三路底相的威胁,再伺机进攻。

27. ……　　　车 6 退 3　　**28.** 兵五进一!　象 3 进 5

29. 马六进七　　将5平6　　**30.** 马七退五! 卒7进1

黑如改走炮7平5,则炮七进八,将6进1,车二进五,杀。

31. 炮七进八　　将6进1　　**32.** 车二进五　　炮7退1

33. 车二退一　　车6平4　　**34.** 车二平一

红胜。红方两次弃子,精彩动人,真是一局不可多得的上乘佳构。

第88局 攻其不备占先机

如图2-37是广东吕钦与浙江于幼华以五七炮双直车对屏风马右炮巡河弈至红方第17着后的棋局。红方第17着车四进五塞象眼,是故意设下的圈套,诱黑方退炮打车,黑以为退炮打车后,红四路车必后退,黑再炮2平3打红七路车抢先。实战如何呢? 请看:

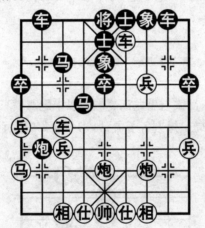

图 2-37

17. ……　　炮2退5　　**18.** 炮五进五!　　……

红方弃炮轰象,石破天惊,出黑方意料之外。

18. ……　　马4退5

黑如改走将5平4,则炮三平六,炮2平4,炮六进六,将4进1,炮五平三,红兵种齐全且小兵渡河占优。

19. 车四退三　　马3退1　　**20.** 车四平二! 车8平9

21. 兵三平四　　马1进2　　**22.** 车七平三　　士5退4

黑如改走象7进9,则兵四平五,马5退3,炮三平五,红方胜势。黑方退士系无奈之举。

23. 兵四平五 ……

红如改走炮三进七,取胜道路更为简捷。

23. ……	炮2平5	24. 炮三进七	车9平7
25. 车三进五	马2退3	26. 仕四进五	炮5进2
27. 相三进五	车2进3	28. 车三退六	士4进5
29. 兵七进一	炮5平4	30. 车二平五	炮4退3
31. 车三平五	炮4平3	32. 前车进一	车2进5
33. 马九进七	车2退2	34. 兵七进一	炮3进4
35. 马七进六	车2平5	36. 马六退五	

黑方认负。如接走炮3退1,则马五进四,卒9进1,马四进五,马3进5,车五进一,炮3平9,车五退一,炮9进3,车五平九,红方车兵仕相全必胜黑方炮双士。

第89局 石破天惊撼众心

如图2-38是广东吕钦与黑龙江赵国荣以中炮双横车七路马对左三步虎弈至红方第23着后的棋局。黑方各子灵活,占位较好,炮沉红方底线,且多2卒,形势黑优。

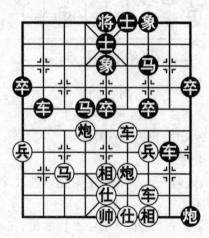

图2-38

23. ……　　马4进2

黑方进马邀兑红马,可在兵种上占优,是一步颇有远见的着法。

24. 炮六退四　马2进3　　**25.** 炮四平七　车2进2

26. 车四进二　卒5进1!　　**27.** 炮七进五　　……

红如改走车四平三,则卒5进1,相五退七,车8进3,黑方弃马有强烈攻势,红方难以应付。

27. ……　　马7进8　　**28.** 车四平一　车8进3

29. 车一平二　卒5进1　　**30.** 车三平一　车2平1

红方平车细腻。红如一车换二子,可形成双车多卒对红方车双炮的可胜局面。

31. 炮七平九　车1平2　　**32.** 炮九进二　卒1进1

33. 车一进七　卒5进1!　　**34.** 相三进五　车2平6?

黑方平车败着。黑方认为车2平6后可先成杀,殊不知红可反胜为败,这是黑方疏于警惕所致。黑如走车2平7可以获胜,变化如下:车2平7(伏车8平6,帅五平四,车7进3,帅四进一,马8进7,帅四进一,车7退2,帅四退一,车7进1,帅四退一,车7进1,杀),如红在黑车吃兵后,接走炮六进九,则将5平4,车二平六,将4平5,帅五平六,车7平4,车六退三,车8退3,车一退八,车8平4,帅六平五,马8进7,黑方车、马、双卒、士象全,对红方车、炮、单缺相,是可胜之残局。

正当局势处于胜负手的关键时刻,红方弈出肋炮沉底叫将的妙着,解杀还杀,石破天惊,精彩绝伦,使局势逆转,反败为胜。

35. 炮六进九　象5退3

黑如改走将5平4,则车二平六,将4平5,帅五平六,士5进4,车六进一,车6退5,车一平四,车8平6,帅六进一,车6退8,车六进二,将5进1,车六退一,将5退1,车六平四,红方抽得黑车后多子,胜定。

36. 炮六退一　象3进1

黑如士5退4,则车二平五,士6进5,车一平五,将5平6,前车进一,将6进1,后车进二,将6进1,前车平四,杀。

37. 车一退八　车8平9　　**38.** 炮六平八

黑方认负,若接走将5平4,则车二平六,士5进4,车六进一,将4平5,车六进一,绝杀。

在本局中,我们既对黑方反胜为败感到可惜,也为红方反败为胜赞叹不已,这正是象棋这一智力游戏的魅力所在。

第90局 神马天降敌胆寒

如图2-39是广东吕钦与河北刘殿中以仙人指路对卒底炮弈至红方第17着后的棋局。

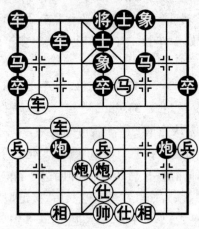

图2-39

双方刚进入中局,红方就弃马渡兵抢先,接着伸左车骑河捉象,跃出右马过河踏车,又弈出弃车跳马准备卧槽攻杀的狠着,可见攻杀的意图相当强烈。此时,黑如走士5进6,则炮五进四,士6进5,车七平三,马7退6,炮五退二,车3平4,车三进五,车1平2,车八平二,炮8平7,车二进四,将5平4,车三平四,士5退6,车二平四,杀。

17. …… 士5退4   **18.** 车七进四 马1退3

19. 车八平三 炮3退4   **20.** 炮六进五 车1平2

黑方出车弃还一子,实属无奈。如改走象5退3,则车三进二!炮3平7,炮五平四,炮8退3,炮五退一,红方弃车后形成绝杀,黑方速败。

21. 车三进二 车2进3   **22.** 车三退四 炮8退1

23. 车三进一 炮8进一   **24.** 车三平七 炮3进2

25. 炮六进一 炮8退5   **26.** 马四进三 将5进1

27. 炮六退六 炮8进1   **28.** 兵五进一 车2平3

29. 车七退一　马3进1　**30.** 车七平二　炮8平7

31. 车二进四　炮7进4　**32.** 马三退二　……

红方退马，伏车二进一，将5退1，马二进四杀手段。至此，黑难以应付。

32. ……　将5平4

黑如改走炮7退5，则车二进一，炮7平6，马二退四，炮3平2，马四进三，将5平4，车二平四，士4进5，马三进四，将4退1，车四平五，车3退1，炮五进四，象5退3，车五平六，将4平5，马四退五，杀。

33. 车二进一　士4进5　**34.** 炮五进一

黑方认负，若接走将4退1，则炮五平六，将4平5，马二进三，杀。

第91局　心明眼亮闯险关

如图2-40是江苏徐天红与广东许银川以中炮对反宫马弈至红方第14着后的棋局。

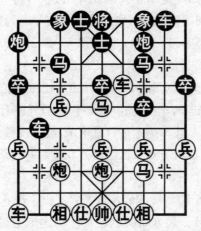

图2-40

14. ……　卒7进1

黑方献卒，构思巧妙。如走卒5进1吃马，则炮七进五，马7进8，炮五进三，象7进5，车四平三，红方优势。

15. 兵三进一　……

红方较好的选择。红方另有两种着法，均占不到便宜：①炮七进五，卒7进1，马三退五，马7进8，车四平五，车2平6，车九进二，象7进5，炮五平四，马8

进9,黑虽少一子,但左翼攻势如潮,红方不易应付;②马五退三,马7进8,车四平二,车8进3,马三进二,车2平3,车九进二,车3退1,兵三进一,象7进5,黑方足可对抗。

　15. ……　　卒5进1　　**16.** 炮七进五　　车2平7

　17. 炮五进三　象7进5　　**18.** 车九进二　马7进8

　19. 车四平五　……

红车平中准备杀象,是贪功冒进之着,由此落入下风,应改走车四退一,黑如炮7进6,则炮五平二,兑掉马后红方并不吃亏。

　19. ……　　马8进6

黑方针锋相对,由此确立了优势。

　20. 车五进一　……

红方勉强对攻,导致失子酿成败局。红方可走马三进四吃马,则炮7进8,仕四进五,炮7平9,车九平四,车8进9,仕五退四,车8退2,仕四进五,车7进4,车四退二,炮9平6(如改走车8进1,则车五进一,将5平6,车五平一,红大优),仕五退四,车8平6,马四退五,炮1进5,车五平一,红虽落下风,尚可周旋。

　20. ……　　将5平6　　**21.** 车九平四　　象3进5

　22. 马三进四　士5进6　　**23.** 马四进五　　……

红方如改走马四进六,则黑炮7进8(打相),仕四进五,象5退3(如误走炮7平9,则马六进五,士4进5,车四进五,将6平5,马五进七,将5平4,车四平六,士5进4,炮五平六,士4退5,炮七平六重炮杀,红方反败为胜),车四进五,炮1平6,炮五平四,将6平5,红方难以抵挡黑方双车炮的攻杀,仍成败势。

　23. ……　　炮1平6　　**24.** 车四平六　　炮7进8

　25. 仕四进五　士6退5　　**26.** 车六平四　　士5进6

正着,黑方攻不忘守。黑方如误走炮7平9,则炮七进二,象5退3,车四进六,将6平5,马五进三,士5进6,马三进二,红马抽得黑车后,反夺优势。

　27. 车四平六　士4进5

双方形成"两打对两打",如不变着则将判为和棋。黑方占有明显优势,乃主动变着。

　28. 车六平八　士5退4　　**29.** 炮五进二　　炮7平9

红方弃车后竭力搏杀,并非常隐蔽地设下一个圈套,但黑方心明眼亮,平炮叫杀瓦解红方计谋,一举获胜。黑方如随手走车8进9,则红车八平二献车,可反败为胜。以下着法是:车8退2,炮七进二,士4进5,马五进七! 绝杀,红胜。

30.炮七进二	士4进5	**31.**炮七平二	车7进4
32.仕五退四	车7退2	**33.**仕四进五	车7平2
34.相七进五	车2退4	**35.**马五进三	炮6平7
36.炮二退七	士5进4		

红方少子失势,已无力再战,只好推枰认负。

第92局 组合拳脚难提防

如图2-41是于红木与陈奇以中炮过河车对屏风马平炮兑车高车保马弈至红方第17着后的棋局。就局势而言,红方炮镇中路,右车拴住黑方车马,左方的车马炮对黑方右翼构成很大压力,黑方又少一象,7路炮虽可得红方一相,但孤掌难鸣,不能对红方构成威胁,红方明显占优。

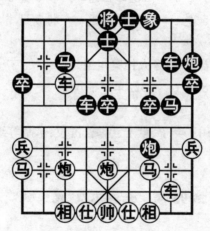

图2-41

17.……	卒5进1		

黑方如改走车4进2,则车七退一,车4退2(如卒5进1,则车七平五,红方优势),车七退二,卒7进1,车七进一,车4进2,仕四进五,红方占优。

18.马九进七	车4进2	**19.**马七进八	卒7进1
20.仕四进五	炮7平8	**21.**炮七进五	炮9平3
22.马八进七	卒7进1	**23.**车二平四	……

红方弃马出车,暗伏杀机,算度深远、准确,是本局的精华所在。

23. ……　　卒7进1

黑方如改走卒5进1,则马三进五,炮8平5,帅五平四,马8退7,车七平九,象7进5,炮五进五,黑亦难逃失败的命运。

24. 车四进二!　……

红方献车妙极,运用弃子引离的战术,逼黑车离开要道。黑如走车4平6吃车,则车七平八绝杀。

24. ……　　炮8进3　　**25.** 相三进一　　车4退4

黑方如改走车4平5,则车四平五!卒5进1,车七平八,绝杀。

26. 车七平九　　……

红方平车叫杀,着法紧凑有力。

26. ……　　象7进5　　**27.** 帅五平四　　……

红方借帅助攻,精彩之着。

27. ……　　卒7平6　　**28.** 车四退一　　士5进6

29. 车九进三　　将5进1　　**30.** 车九退一　　将5退1

31. 炮五进五!　……

红方炮轰中象,妙着连珠,令人拍案叫绝。

31. ……　　车8进1　　**32.** 车四平八

红胜。

在本局中,红方运用了弃子、献子、引离、占位、牵制等组合战术,值得我们学习和借鉴。

第93局　始料不及"走麦城"

如图2-42是湖北李义庭与上海何顺安以中炮巡河车对屏风马巡河炮弈至红方第10着后的棋局。双方布局正常,局势相对平稳。

10. ……　　炮2平8

黑方随手之着,局势由此处于下风,应走士4进5,巩固中防较为稳妥。

11. 车二进一!　……

红方佳着!弃车换马炮,局势渐入佳境,此着出乎黑方意料。

11. ……　　马7进8　　**12.** 马八进六　　炮8平3

13. 炮五进四　　士4进5　　**14.** 兵五进一　　卒7进1

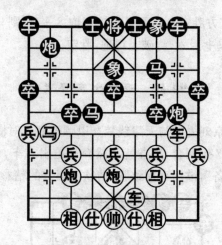

图 2 - 42

黑方弃卒回马通车,除此别无良策。

15. 兵三进一	马 8 退 7	16. 炮五平三	车 1 平 4
17. 车四进四	车 4 进 3	18. 兵三进一	象 5 进 7
19. 马六进四	象 7 进 5	20. 炮七平五	车 8 进 6
21. 兵五进一	车 4 进 2	22. 兵五进一	……

红方中兵直下,黑方局势岌岌可危。

| 22. …… | 车 8 平 3 | 23. 仕四进五 | 将 5 平 4 |

黑方如改走车 3 平 6,则炮五进五打象,再车四平七,红亦胜。

| 24. 炮五平六 | 将 4 平 5 | 25. 兵五进一 | 象 7 退 9 |

黑方如改走车 3 平 6,则马四进三,炮 3 平 7,炮三进二,黑失车败定。

| 26. 相七进五 | …… |

红飞相后解除后顾之忧,可稳操胜券。

| 26. …… | 车 3 平 7 | 27. 车四平七 | 车 7 退 3 |

| 28. 车七进一! | …… |

红弃炮后又进车保马,精妙绝伦!算准黑必弃还一车而败北。

| 28. …… | 卒 9 进 1 | 29. 马三进五 | 车 7 平 6 |

黑用车啃马,出于无奈。

30. 车七平四	车 4 平 5	31. 马五进七	车 5 退 3
32. 车四平九	炮 3 进 3	33. 车九平七	炮 3 平 8
34. 车七进三	士 5 退 4	35. 马七进六	

红方进马叫杀,红方胜定。以下黑如接走炮8平4,则马六进七,炮4退3,车七平六,将5进1,马七退六,红破士得炮,胜定。

第94局　弃马出车寻战机

如图2-43是北京刘燨如与天津钱梦吾以顺炮直车对横车弈至第6回合后的棋局。还未进入第7个回合,黑方就毅然弃马抢出右车,意图相当明显,那就是"出其不意,攻其不备",欲用奇招致胜,请欣赏黑方的精彩之作:

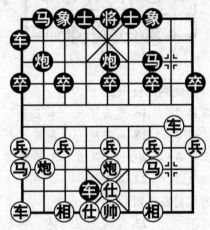

图2-43

7. 车二平八　……

红方此着过于消极,虽可换掉黑方右炮,但红方右马失去保护,容易受到黑车的攻击,局势有一定的危险性。红方应改走炮八平六,黑则车4平2,形成"单边封"局面,属正常布局。红如接受黑方弃马,局势可能有以下变化:炮八进七,炮2进5,车二退二,车1平4,车九平八,炮2平7,车二平三,炮5进4,帅五平四,车4平6,帅四平五(若车三平四,则车4进1,帅四进一,车6进6,仕五进四,车4平7,黑方攻势甚猛),士6进5,炮八退六,炮5退1,兵七进一,车4退2,相三进一,将5平6,车三退二,卒7进1,马九退七,车4平3,红方全盘受制,后果不堪设想。

7. ……　炮2进5　8.车八退二　车1平6

黑方继续弃马,胆识过人。

9. 车八进七　车6进7　10.炮五平七　……

红方撤中炮已是无奈之举。

10. ……　　卒7进1　　　**11.** 车八退五　马7进6

黑跃马助攻,如虎添翼!

12. 车九平八　士6进5　　　**13.** 兵五进一　　……

红如改走后车进一兑车,则马6进5,后车平六,马5进7,红方速败。

13. ……　　马6进7　　　**14.** 马三进五　马7进5

15. 炮七进四　炮5平8　　　**16.** 后车进一　炮8进7

17. 相三进一　将5平6

黑胜。黑方只用17招就攻下红方城池,在实战中是不可多得的经典佳作。

第95局　借助炮威抓战机

如图2-44是黑龙江王嘉良与河北李来群以中炮进三兵对反宫马进3卒弈至第15回合后的棋局。红方中兵过河,马虽受制,但双车、炮占位较佳,容易发动攻势,因此仍占先手。

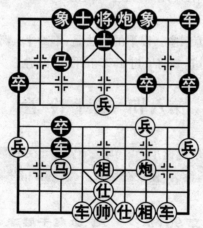

图 2-44

16. 炮三进四　　……

红方挥炮出击,抓住战机,是扩大先手的好棋。

16. ……　　马3进2

黑方当然不能车3进1吃马,否则红方炮三平七,黑方丢车败定。

17. 车六进五　马2退1

黑如改走马2进1,则马七进九,车3平1,炮三平五;黑方又如改走马2进4,则炮三平七,红方皆占优势。

18. 马七进五　　卒3平2

红方借助炮威,乘机跃马参战,佳着。黑车不能吃马,否则炮三平五叫将抽车。

19. 马五进四　象7进5　　**20.** 炮三平五　车9平7

21. 车二进八　车7进3　　**22.** 马四进二　车3平6

23. 兵三进一!　……

弃兵系精巧之着,红方由此迅速入局。

23. ……　车7进1　　**24.** 兵五平四　车7退1

25. 马二进三　车7退2　　**26.** 车二平三　马1进3

27. 车六进一　马3进1　　**28.** 帅五平六　……

红方出帅助战,着法精彩!

28. ……　车6平5

黑如改走车6退2吃兵,则车三进一,绝杀!

29. 兵四进一　马1进2　　**30.** 车六进三!

红方弃车成杀,震惊四座。以下的着法是:炮6平4,车三平五,将5平6,车五进一,将6进1,兵四进一,将6进1,车五平四,红胜。

第六节　鬼手冷着

在实战对局中,一般泛指中、残局阶段,某一方在平淡的局势下,弈出一着,既诡秘,又如冷箭突发,称为"鬼手冷着"。可使对方措手不及,从而克敌制胜。

第96局　一"炮"激起千层浪

如图2-45是武进费锦钦与香山曾展鸿以顺炮横车对直车弈至第16回合后的棋局。就形势而言,红方子力较为活跃,占位较好,明显处于优势。

17. 车六进四　…………

红进车塞象眼,有跳马炮轰中象的意图,是猛攻的前兆。

17. ……　　马8进7　　**18.** 马五进三　马7进5

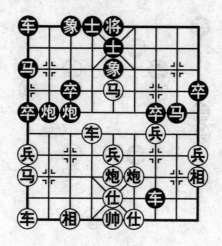

图 2-45

19. 相七进五　炮 3 平 5　　**20.** 帅五平六!　……

此乃本局的精华所在。着法含蓄诡诈,扑朔迷离,玄妙莫测。

20. ……　炮 5 进 3

黑方对红方设置的圈套毫无警惕,疏于防范,结果坠入陷阱而不能自拔。黑方应走车 7 平 6 盯住红炮,方为上策。

21. 炮四进七!　……

红方此着方显杀手本色!黑方此时虽已醒悟,但为时已晚。

21. ……　炮 2 退 4

黑方如改走士 5 进 6,则车六进一,将 5 进 1,车六退一,将 5 退 1,炮四平一,下一着马三进一,黑亦难逃厄运。

22. 炮四平六　士 5 退 4　　**23.** 车九平八　车 7 平 6

24. 车八进九

黑如车 1 平 2,则红车六进一,杀!红方设置的圈套相当隐蔽,临场很难识破,真是耐人寻味。

第97局　临危不惧寻良机

如图 2-46 是广东吕钦与河北刘殿中以仙人指路对卒底炮弈至第 15 回合后的棋局。黑 3 路卒已经挺进到红方兵行线,可以继续向前冲到九宫,直接威胁老帅。红怎样对黑施压,使局势向有利于己方的方向发展?请看实战:

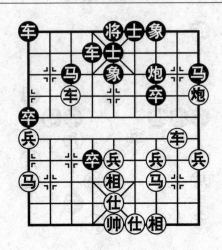

图 2 - 46

16. 兵三进一 ……

红方挺三兵,是一招构思巧妙的着法。这一着虽然会招致局部损失,但却可以挑起激烈的对攻,在对攻中寻找胜机。

16. …… 卒1进1 **17.** 车二进三 炮7平6

18. 马三进四 卒1进1 **19.** 马九退七 卒4平5

20. 马四进三 车1平2 **21.** 仕五退六 车4进7

22. 仕四进五 炮6进6 **23.** 马三进五 ……

红方马踏中象,使对攻激烈,局势更加复杂多变,气氛异常紧张,令人有透气不畅之感。

23. …… 卒5进1?

黑方进卒嫌软,错过致胜的战机。应改走象7进5,则车二平一,卒5进1,车一平五,卒5进1,车五退六,车4进1,帅五平六,车2进9,杀。

24. 马五进三 将5平4 **25.** 炮一平六! ……

红方逃过此劫后,弈出平肋炮解杀还杀的妙着,伏车二平六,杀。如黑接走卒5进1,仕六进五,车2进9,仕五退六,车4进1,帅五进一,黑无连杀手段,红有惊无险,起死回生,反败为胜;黑又如接走将4进1,则炮六退三,卒5进1,仕六进五,车2进9,仕五退六,车4进1,帅五进一,炮6平3,车七平六,士5进4,车六进一,杀。

25. …… 卒5进1 **26.** 仕六进五 车2进9

27. 仕五退六 象7进5 **28.** 车二平五 马9退7

29. 车五平七　炮6平5	**30.** 前车进二　将4进1
31. 炮六退三　士5进6	**32.** 后车平六　将4平5
33. 车六平五　将5平6	**34.** 炮六平四　马7进6
35. 车七退一　士6进5	**36.** 车五进二

黑方认负。如接走将6退1,则车七进一,杀。

第98局　奇着怪招创佳绩

如图2-47是广东吕钦与江苏徐天红以中炮巡河炮对屏风马弈完第8回合后的棋局。

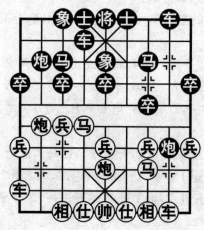

图2-47

9. 车二进一　　……

正着。红方如改走仕四进五,则右车被封,左车的出路又被阻,局势难以展开;红方再如径走车九平四,可能有以下变化:炮8平5,炮五进四,马3进5,车二进九,马7退8,马三进五,马5进4,车四平六,车4进2,车六进三,车4进2,炮八平六,双方兑子后容易成和,这当然不是红方所满意的结果。

9. 　……　卒3进1	**10.** 炮五平六　车4平6
11. 兵七进一　车6进6	**12.** 相三进五　炮8平5
13. 车二平五　　……	

黑炮打兵叫将,预计红方必走仕六进五,则车8进8,炮六平四,车8平7,形成对攻。不料红方出人意料地摆窝心车,实战中实属少见,可谓奇招。

13. ……　　车6平7	14. 炮六平三　象5进3
15. 炮八平七　象3退5	16. 车九平八　炮2进2
17. 车八进二　炮5进2	18. 仕六进五　炮2平4
19. 车八进四　马7退5	20. 车八进一　车8进3
21. 车八平六　象3进1	22. 相五退三！……

佳着。红车逼马窝心,又塞住象眼,已令黑子难下。现退相使右炮左移参战,黑方更难以招架。

22. ……　　卒5进1

黑如改走马5进7,则炮三平七,炮4平5,帅五平六,马3进2,前炮平八,马2进4,炮八进五,象1退3,车六进一,将5进1,车六退五,将5平6,炮七进六,车8平6,炮八退一,将6进1,车六进四,马7退8,炮七退一,象5进3,炮八退一,杀。

23. 炮三平五　车8平3	24. 相七进九　车3平2
25. 炮五进五　马5进7	26. 车六退一　车2进6
27. 炮七退四　炮4平1	28. 炮五平七　炮1进3

29. 车六平五

黑方认负。如接走士4进5(如士6进5,则马六退七,车2退9,车五平三,红多两子胜定),则马六退七,马7进6,车五退二,车2退2,前炮平一,马6退7,炮一进二,马7退8,仕五进六,炮1进2,帅五进一,车2平3,车五进三,将5平4,炮七平六,杀。

第99局　一招制胜传佳话

如图2-48是广东吕钦与浙江于幼华以仙人指路对卒底炮弈至红方第27着后的棋局。红车沉底叫将,黑方只有炮3退2或者士5退4,请看实战:

27. ……　　炮3退2

正着。黑方如改走士5退4,则马四退六,马3进4,车八平六,将5进1,车六退五,红多得一士占优。

28. 炮九平五　马3进5	29. 炮六进六　炮3平4
30. 马四退二　马5退4	31. 车八退四　马4进2
32. 炮六退六　马2退4	33. 炮六平九　炮6平9

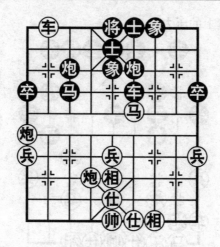

图 2-48

34. 兵一进一　车 6 平 5　　**35.** 相五进七　　……

红方飞相的目的很明显，准备下一着炮九平三，威胁黑方底象，由此拴住黑车。

35. ……　　车 5 平 3　　**36.** 炮九平三　车 3 平 5

黑如改走车 3 进 2 吃相，则红车八平三，黑立呈败势。

37. 车八平三　炮 4 平 1　　**38.** 车三平八　车 5 平 2

39. 马二进三　　……

黑方随手走车 5 平 2 邀兑，是一步致命的败着，给红方提供了一个绝佳的机会，黑方应走炮 1 平 4，严阵以待，红仍无法进取。红置兑车于不顾，马二进三要杀，是致胜的佳着。黑如接走车 2 平 5（若车 2 平 7 吃马，则车八进四，马 4 退 3，车八平七，杀），则炮三进七，象 5 退 7，车八进四，马 4 退 3，车八平七，杀。

39. ……　　将 5 平 4　　**40.** 炮三平六

黑方认负。如接走：①将 4 平 5，马三退五，车 2 平 6，马五进四，车 6 退 1，车八进四，马 4 退 3，车八平七，杀；②车 2 平 4，车八进四，将 4 进 1，车八平九，炮 9 进 3，马三退五，车 4 进 1，炮五平六，车 4 进 1，马五进七，杀。

第100局　牢控车马出奇招

如图 2-49 是上海林宏敏与广东吕钦以五七炮进七兵对屏风马进 7 卒弈至第 10 回合后的棋局。黑方弈出右炮压马的冷门变招，意图把局势的发展掌握在己方,给红方造成心理上的压力。

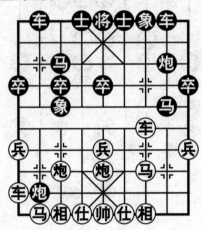

图 2－49

11. 马三进二　　……

红如改走车三进一,则炮 8 平 7,对红方不利。

11. ……　　象 7 进 5　　12. 车三平六　　车 8 平 7

13. 马二进四　　车 7 进 9

黑方忙里偷闲,吃掉红方底相,造成红方右翼空虚,为以后攻击创造条件,是取势的巧手。

14. 马四进六　　车 7 退 8　　15. 炮七进四　　炮 8 退 1

16. 炮七平五　　马 3 进 5　　17. 炮五进四　　士 6 进 5

18. 炮五退一　　车 7 进 5　　19. 相七进五　　车 7 平 6

20. 马八进六　　马 8 进 6　　21. 前马进四　　炮 8 平 6

22. 马四退三　　车 6 进 2　　23. 仕六进五　　马 6 退 7

24. 炮五退一　　炮 6 平 8

黑连守带攻,等待时机。果然,红误走退炮挡住车路,黑方立即平炮叫杀,红如接走仕五进四,则炮 8 进 8,仕四进五,车 6 平 7,马三进一,马 7 进 6,马一退二,马 6 进 8,帅五平四,车 7 进 1,帅四进一,炮 8 退 1,马二退四,马 8 进 7,杀。

25. 马三退二　　马 7 进 6　　26. 马六进七　　炮 2 退 7

27. 相五进三　　车 6 退 2　　28. 马二退一　　车 6 平 7

29. 相三退一　　炮 2 平 4　　30. 相一退三

至此,时限已到,红超时作负。从棋局形势来看,也是黑方优胜。黑接走车

7平5,则马七退五,马6退5,车六平七,炮4平3,车七平九,卒1进1,炮五进三,象3退5,车九平二,车2进9,仕五退六,炮3进8,仕六进五,炮8平7,黑得子得势,胜定。

第101局 一招不慎满盘输

如图2-50是何连生与吕钦以顺炮横车对直车弈至第11回合时的棋局。

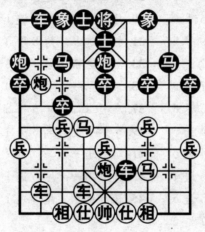

图2-50

12. 炮八退四 ……

红退炮逐车,以为黑退车后可走兵七进一扩大先手,黑方怎样应对呢?

12. …… **炮5进4**

黑方炮轰中兵,出乎红方意料。红方的计划落空。

13. 仕四进五 ……

劣着。红方应走仕六进五,尚无大碍。其实红方第12着可改走炮八平三,黑车2进8,车六平八,卒3进1,车八平七,卒3平4,车七进六,炮5进4,仕六进五,象7进5,车七退四,红可以应付。

13. …… **车2进7!**

黑方针对红方错补右仕,果断地舍车砍炮,再吃马叫杀,红右翼空虚难守,黑这步弃车妙着奠定了全盘的胜势。

14. 车八进一　车6平7　**15. 相三进一　车7平9**

16. 帅五平四　车9进2　**17. 帅四进一　车9退1**

18. 帅四进一　　马 3 进 4　　　19. 车八进五　　象 7 进 5

20. 车八退四　　卒 3 进 1　　　21. 车八平五　　炮 1 平 4

22. 炮五平六　　卒 3 平 4　　　23. 炮六进三　　卒 4 平 5

24. 炮六平一　　……

红方弃炮实属无奈。

24. ……　　　　卒 9 进 1　　　25. 车五进一　　车 9 退 2

26. 帅四退一　　象 5 退 7　　　27. 车六进四　　炮 4 平 5

28. 车五平四　　炮 5 平 6　　　29. 仕五进四　　卒 9 进 1

30. 帅四平五　　车 9 平 4　　　31. 相七进五　　炮 6 平 5

32. 车六退三　　马 7 进 9　　　33. 车四进四　　马 9 进 8

34. 车四平三　　象 7 进 9　　　35. 车三平一　　马 8 进 9

36. 车一进一　　士 5 退 6　　　37. 车一退二　　车 5 平 8

38. 帅五平六　　士 4 进 5　　　39. 车六平七　　车 8 平 4

40. 帅六平五　　车 4 退 6　　　41. 车一退三　　马 9 退 7

42. 车一进三　　卒 5 进 1　　　43. 帅五退一　　卒 5 进 1

44. 仕六进五　　炮 5 平 5　　　45. 仕五退六　　炮 5 退 1

46. 车一退七　　马 7 进 5

红方认负。红此时不能接走仕六进五,否则马 5 进 3,帅五平四,炮 5 平 6
杀。红只能接走仕四退五,马 5 进 7,抽吃红车,黑多子胜定。

第 102 局　将计就计伤无形

如图 2 - 51 是吉林陶汉明与新疆薛文强以仙人指路对卒底炮弈至红方第
16 着后的棋局。

16. ……　　　炮 4 进 3

黑方伸炮骑河,目的明显,下一步准备平炮打死红车,红如兵五进一,黑则有
炮 4 进 1,再炮 4 平 5 的棋,黑反夺先手。但黑方的计谋不过是一厢情愿,红方
将计就计,走出弃车的妙着。

17. 马五进三!　……

红方弈出了大胆弃车的鬼手! 突发"冷箭",伤人于无形。黑方正是疏忽了
红方弃车攻杀的"阴、冷"着法,才使己方局势迅速崩溃。

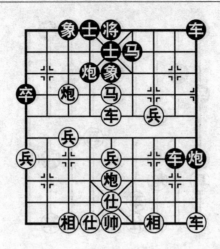

图 2-51

17. …… 炮4退2

黑方退炮拦炮防守实属无奈,如误走炮4平9打车,则红车一进三,车8平9,车五进二! 以下黑如象3进5吃车,则炮五进五打象叫将,红胜;黑又如不飞象吃车,则难挡红方车五平七攻象的杀棋,红方胜定。

18. 炮五平七! 马6进8

红方卸中炮,仍暗伏车五进二吃中象的杀机。黑方此时不能走炮9平5打中兵,因为红方有车五退二吃炮后形成四车会面的棋,黑方失子。

19. 相七进五 ……

红方攻不忘守,正着。红方如误走车五进二,则炮9平5,车五退四,车8平5,黑方左车有根,红方失车败定。

19. …… 士5进6		**20.** 后炮进一 炮4进3	
21. 前炮平八 车9进3		**22.** 炮七进六 将5进1	
23. 炮八进一 车9平6		**24.** 炮七退二 炮4平2	

25. 兵三平四

红方平兵提车,下伏车五进二杀象入局,黑见大势已去,遂停钟认负。

第103局 妙手春风绘蓝图

如图2-52是广东许银川与上海万春林以五七炮去三兵对屏风马进3卒弈至第9回合后的棋局。

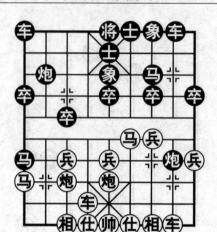

图 2-52

10. 炮七平八 ……

红方平炮避捉,正着。红方如改走炮七退一,则炮 8 平 3,车二进九,炮 3 进 3,仕六进五,炮 3 平 1,炮七平八,马 7 退 8,互缠中红方亦有所顾忌。

10. …… **炮 2 进 4** **11. 仕四进五** ……

红方补仕,机警之着。红方如改走兵三进一,则炮 8 平 6,车二进九,马 7 退 8,兵三进一,炮 2 平 5,仕四进五,车 1 平 2,黑有反击之势。

11. …… **炮 2 平 5**

黑方炮打中兵,对红方未构成威胁,且子力分布不协调,易致被动。可考虑改走炮 8 退 2,对攻守都较有利,红如走马四进五,则炮 8 平 5,车二进九,炮 5 进 3,相三进五,马 7 退 8,红方暂无法组织有效进攻,黑可从容应对。

12. 炮八进五 炮 8 平 6

黑应改走炮 8 平 7 兑车,这样可以掩护 7 路卒,要比实战走法为好。

13. 车二进九 马 7 退 8 **14. 车六进五 卒 5 进 1**

15. 马四进三 车 1 平 4 **16. 车六平九 卒 5 进 1**

17. 帅五平四 炮 5 平 9 **18. 马三进四!** ……

红方进马捉马又伏炮轰中象抽车的恶手,令黑方难以兼顾!

18. …… **炮 9 进 3** **19. 相三进一 卒 5 平 6**

20. 马四进二 ……

红方擒得一马,为取胜打下了坚实基础。

20. …… **马 1 进 3** **21. 车九退二 卒 3 进 1**

22. 车九平七　　马 3 进 4

黑方马踏红仕,企图做最后一搏,期望红方出现昏招或者失算。

23. 炮八进二　　……

红方献炮叫将巧妙兑子,不给黑方一丝可乘之机,可谓精彩之至。

23. ……	车 4 平 2	**24.** 仕五退六	车 2 平 4
25. 仕六进五	炮 9 平 3	**26.** 车七平四	炮 6 平 5
27. 马二退三	车 4 进 9	**28.** 帅四进一	车 4 退 1
29. 炮五平二	炮 3 平 1	**30.** 炮二进七	炮 1 退 1

31. 帅四退一

黑见自己少子且无法拆解红方马三进五和马三进四的攻杀手段,遂停钟认负。

第 104 局　炮轰红仕定乾坤

如图 2-53 是重庆王晓华与河北刘殿中以中炮过河车对屏风马平炮兑车弈至第 14 回合后的棋局。

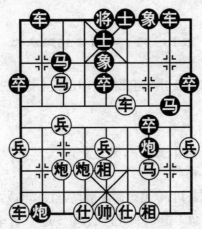

图 2-53

15. 炮七退二?　　……

红方退炮被拴,从而导致被动。应改走仕六进五,局势平稳。

15. …… 车 2 进 3

黑方正着。黑方如改走马 8 进 6,则马七进九,车 2 进 2,车九平八,车 2 平

1,车八进六,黑方无趣。

16. 马三退五? 马8进6!

红方退马窝心是致命的败着,对己方阵型弱点估计不足,没有意识到局面的危险性,应改走相三进一,局势尚无大碍。黑方看到红方的致命弱点,迅速进击,短短几个回合便令红方签订城下之盟。

17. 相五进三 ……

由于黑方暗伏炮7平6打死红车的手段,红方无暇走马五进七调整,所以,希望用相飞卒暂解燃眉之急。

17. …… 车8进7 **18.** 车四退一 ……

红如改走车九进二,则车2进5,马七进九,士5进6,红方边马虽可卧槽叫将,但对黑方构不成威胁,黑方下一手有车2平4的恶着,红方亦处于败势。

18. …… 车8平4 **19.** 车四平六 炮2平4!

黑炮打仕一锤定音! 精彩至极。红方只有车六退二,炮4平1,炮七进二,车2进6,马五退七,车2平3,帅五进一,炮1退2,车六进六,车3退1,帅五退一,车3退1,车六平七,车3退2,车七退一,炮1平3,黑方多两子胜定。红方看到以下变化后,遂投子认负。

第105局 冷着奇招撼众心

如图2-54是广东许银川对河北刘殿中以五七炮进三兵对屏风马进3卒弈至第15回合后的棋局。

16. 车二进五 车1平5

黑如误走卒7进1,则车二平三,黑方失子。

17. 车四平五 ……

红方平车窝心实属奇招,令黑方防不胜防,红亦可改走炮七进六轰象,可能的变化如下:炮七进六,象5退3,马九进七,车5进2(若车5平3,则车二平五,车3进1,车四进七,象3进5,车五进二,炮8平5,马六进五,绝杀),相七进五,炮2进5,相五退七,马5退4,马七进五,红方优势。

17. …… 马5进7

黑如改走炮2平4,则炮五进三,车5退3,仕六进五,象3进1,车二进一,红方优势。黑方应走马5退4固守,方为上策。

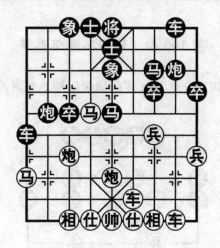

图 2-54

18. 炮七进六！ ……

红方先弃后取，连续轰炸，令黑方已无险可守。

18. …… 象 5 退 3 　　**19.** 马九进七　卒 7 进 1

黑如改走卒 3 进 1，则马六进八，卒 3 进 1，车五平四，红胜势。

20. 车二平三　车 5 退 1 　　**21.** 马七进八　车 8 平 6

22. 车五平二　炮 8 进 2 　　**23.** 仕六进五　象 3 进 5

黑如改走车 6 进 2，则车三退一，炮 8 平 4，车三进三，车 5 进 3，车三平四，士 5 进 6，车二进八，将 5 进 1，马八进七，炮 4 退 2，相七进五，红方胜定。

24. 马六进五

黑方认负。黑如接走车 5 退 2，则马八进九！黑又如车 6 进 2，则马五退七，黑将束手待擒。

第七节　破 卫 制 敌

　　破坏对方九宫的防守阵地，消灭对方的防御力量，排除对方将帅周围的屏障，打开进攻的缺口，为攻杀对方的将帅准备条件，因此破卫制敌也是重要的攻杀战术之一。

第 106 局　被围主将难救驾

如图 2-55 是四川章文彤与江苏张国凤以顺炮缓开车对横车弈至红方第 12 着后的棋局。

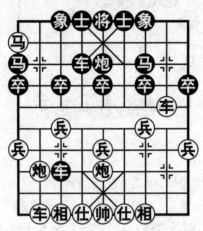

图 2-55

12. ……　　　卒 7 进 1

黑方弃 7 卒以图陷车,是精巧之着。

13. 马九进七　马 1 退 3　14. 车二平三　　……

红车吃卒后,活动受制,由此产生被动。但红方如改走车二退一,则车 4 平 2,炮八进四,士 6 进 5,马七退九,车 3 退 2,黑方优势。

14. ……　　　炮 5 进 4　　15. 仕四进五　　仕 6 进 5

16. 马七退九　马 3 进 2

黑方主动献马解闷宫,是一步深谋远虑的妙着! 由此展开了双车炮的主体攻势,迅速攻城拔寨。此步黑如急于抢先动手而误走将 5 平 6 解杀下手还杀,则红可炮八进七,将 6 进 1,车八进三,黑方欲速而不达,红方反夺主动。

17. 马九退八　将 5 平 6　　18. 炮八进三　车 3 平 4!

19. 相七进九　前车退 3!

黑方车 3 平 4,双车联线催杀,简洁明快! 红方飞相解杀是无奈之着,如改走炮八平六拦车解杀,则前车退 3,车三平六,车 4 平 6,绝杀。

20. 兵七进一　后车平 6

绝杀,黑胜。

一位女棋手有如此精湛的棋艺,令人无比钦佩、肃然起敬。

第107局 二鬼拍门必失魂

如图2-56是吉林龚勤与黑龙江郭莉萍以顺炮直车对横车弈至第14回合的棋局。双方短兵相接,对攻逐渐展开。

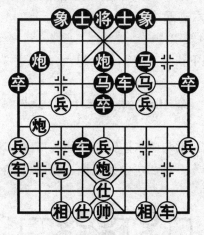

图 2-56

15. 炮八平二 ……

红方平炮二路,准备进二攻车,但偏离了主战场。红方应改走炮八平七打象,黑如马5进3,则车九平八,士4进5,车八进三,象3进1,车二进四,红方局势不差。

15. …… 马5进3　　**16.** 炮二进二　车6进5

17. 马三退五? ……

红方此着对黑方没有威胁,而且不利于防御。红方应改走马三进五,象3进5,马七进八,限制黑3路马卧槽为宜。

17. …… 车4进2　　**18.** 车九退一　炮2进6

19. 炮二平七 ……

红如改走炮二退三,则马7进5,黑亦占明显优势。

19. …… 士4进5　　**20.** 车二进四　马3进2

21. 车九退一 ……

红方如改走车九进一(若马五退七,则马2进3,伏车4平5,绝杀,直接炮5进5亦杀),炮5进4,马七进五(若车九平八,则马2进4,杀),车4平5,仕六进五,炮2进1,仕五退六,马2进3,红胜。

21. ······ 　　将5平4!

黑将御驾亲征,暗伏杀机,由此迅速入局。

22. 炮七退三　　炮5进4!

黑方炮轰中兵,锁定胜局。红如接走马七进五,则车4进1,仕五退六,马2进3杀,或车4平5,仕六进五,马2进3杀。

23. 马五退六　　车4退2

红方认负。因黑以下伏车4进3,马七退六,马2进3的杀势。

第108 平淡之中见真功

如图2-57是广东吕钦与广东许银川以仙人指路对卒底炮弈至第18回合后的棋局。黑方下一着车5进2吃中兵捉炮,就可以反夺先手,红方怎样应对,请看实战:

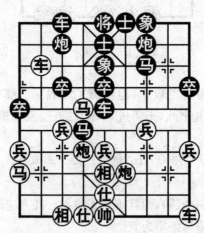

图2-57

19. 兵五进一　　······

红方弃中兵,可疏通马炮之路,有利于打开局面。

19. ······ 　　车5进1　　**20.** 炮六平三　　马7进8

黑如改走马7进6,则炮三进五,炮3平7,马六进四,士5进6,兵三进一,捉死黑马。

21. 炮三进五　炮3平7　　22. 兵三进一　炮7进1

23. 车八退三　马8退9　　24. 兵三平四　车3平4

25. 兵七进一　卒3进1　　26. 车一平三　炮7平6

27. 炮四进五　士5进6　　28. 马六进七　车4平3

29. 马七进九　车3平4　　30. 后马进七　车5平8

31. 兵四进一　士6退5　　32. 兵四平五　卒3进1

33. 车八平七　车8退2　　34. 马九退七　车4进2

35. 前马退八　马4退5　　36. 车七进二　车4进4

37. 兵一进一　象5进3　　38. 车三进九　车4平8

39. 马七进六　前车进3　　40. 仕五退四　马5退4

黑失误丢象，又退马造成速败，遂主动认负。因红可接走车七进三，以下士5退4，马八进七，后车平4，车七平六，杀。黑如改走马5进4，亦难免一败，变化如下：车七进三，士5退4，马八进七，车8平4，马七进六，车4退3，车七平六，将5平4，车三平四，将4进1，马六进七，车8退9（若将4进1，则车四平六，将4进1，车六退五，得马胜定），车四退三，将4进1，车四平六，将4平5，车六退二，得马胜定。

第109局　开局不当必受制

如图2-58是上海胡荣华与火车头于幼华以中炮边马对屏风马进3卒弈至第12回合后的棋局。红方炮镇中路，中兵渡河已威胁黑方中象，形势占优。

13. 兵五进一　……

红方冲中兵破象，是迅速扩大优势的有力之着。

13. ……　象3进5　　14. 车九平八　马4进6

15. 炮五平四　炮2平4

黑如改走马6退5，则车三平二，炮2平4，车八进五，马5进3，炮四平五，红方优势。

16. 炮七平八　炮8进5

黑如改走车4平2，则炮八平五，红方优势。

17. 炮八进七　象5退3　　18. 马九退七　车4进2

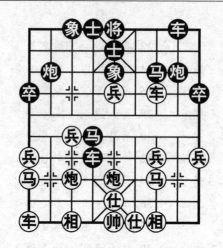

图 2－58

黑如改走车4平3,则马七进五,红方得子占优。

19. 车三进一　炮8平6　　**20.** 仕五进四　炮4进2

21. 车八进八　炮4平5　　**22.** 车三进一　士5退6

23. 车八平六　车8进8　　**24.** 车六进一　　……

红方弃车杀士,是缓解黑方反击之势的巧妙之着。如改走车六退七,则车8平4。对攻中,红方也有顾忌。

24. ……　车4退8　　**25.** 车三平六　士6进5

26. 马七进八　车8退3　　**27.** 炮八平六　车8平3

黑方平车败着,不如改走士5退4吃炮较为顽强。

28. 马八退六　　……

红方回马巧兑,精巧之着,由此赚得一子,为取胜打下了物质基础。

28. ……　车3进1　　**29.** 马六进四　车3平6

30. 车六退三　车6平5

黑如改走炮5退2,则炮六退一,车6平7,马三退二,红亦多子胜定。

31. 仕四退五　车5退1　　**32.** 炮六退三　炮5退2

33. 相三进五　车5退2　　**34.** 炮六进二　车5平3

35. 车六平五　炮5平4　　**36.** 炮六平九

黑方少子不敌,停钟认负。

第110局 兵种优越成大业

如图2-59是上海胡荣华与广东许银川以中炮挺七兵过河车对屏风马挺7卒先上士弈至第11回合后的棋局。

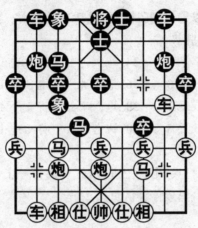

图2-59

12. 兵三进一 车8平7

红方挺兵吃卒,暗藏先弃后取的手段,是扩大先手的有力之着。黑如接走马4进3吃炮,则车八进二,车8平7,车八平七,车7进5,马七进六,红方子力灵活大占优势。

13. 炮七平六 炮8平4		**14.** 车二平六 马4进5	
15. 相七进五 炮2进4		**16.** 仕六进五 炮4平5	
17. 车六进三 炮5平8		**18.** 马七进六 炮2进1	
19. 仕五退六 车7进2		**20.** 车六平七 车7平6	
21. 马三进四 象3退1		**22.** 炮六退一 卒3进1	

23. 马六进七 ……

红方兑马,简明的走法。红方如改走炮六平四打车,则马3进4,炮四进六,马4进6,炮四平三,象3进5,黑方一车换双后,局势会有所缓和。

23. …… 车6进3

黑方当然不能走炮8退1打车,否则车七平五,士6进5,马七进八,红方得子大占优势。

24. 马七退五	车6退2	25. 马五退六	车2进3
26. 车七退一	炮8进7	27. 仕六进五	卒3进1
28. 车七退三	炮8退4	29. 炮六退一	炮2进1
30. 仕五进六	炮2平5	31. 车八进六	炮5退2
32. 仕六退五	车6平2	33. 车七进二	……

红方进车邀兑，可以乘机摆脱牵制，灵活巧妙之着。黑如避兑，则红马六进四，下伏卧槽手段，红亦胜势。

33. ……	车2平3	34. 马六进七	炮8进1
35. 兵九进一	炮5平9	36. 炮六进六	炮8退1
37. 兵三进一	炮9退1	38. 炮六平五	将5平4
39. 炮五平二	士5进6	40. 马七进八	将4进1
41. 兵三进一			

黑如接走炮9平1打兵，则兵三进一，红可擒得一士，形成马炮兵仕相全对双炮单缺士的可胜残棋，黑遂停钟认负。

第111局　神马腾空传捷报

如图2-60是河北刘殿中与广东吕钦以中炮边马巡河车对屏风马进3卒弈至第21回合后的棋局。

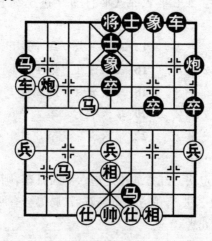

图2-60

22. 帅五进一　　……

红无故升帅解杀,自造危机,埋下隐患。应改走炮八退五,既可以解杀,又可以腾出位置,让马六进八随时可以卧槽。

22. ……	马 6 退 8	**23.** 帅五平六	象 5 退 3
24. 马六进四	炮 9 平 4	**25.** 炮八进二	车 8 进 5

黑方弃马进车是妙着,对红方构成了重大威胁。如红接走车九进一贪吃马,则马 8 退 6,仕六进五,车 8 平 4,仕五进六,车 4 退 1,马四进三,将 5 平 4,车九退三,车 4 平 2,黑吃回一炮占优。

26. 相五进三	马 8 退 7	**27.** 车九进一	马 7 进 6
28. 相三进五	马 6 进 8	**29.** 帅六平五	马 8 进 6
30. 相五退三	马 6 退 7	**31.** 帅五退一	炮 4 平 6
32. 车九退三	车 8 进 4	**33.** 马七退五	马 7 退 6
34. 炮八进一	士 5 退 4	**35.** 炮八退八	马 6 进 8

红车吃马后,受到黑强烈攻击,造成缺士残相,防线崩溃,虽子力龟缩退守,亦难挽回败势。现黑跳马攻杀,由此奠定胜局。

36. 马五进七　　……

红无好棋可走,跳马解杀实属无奈。因黑伏马 8 进 6,帅五平四,马 6 进 7,帅四平五,马 7 退 6 的杀着。

36. ……	马 8 进 6	**37.** 帅五进一	马 6 进 7
38. 帅五平六	马 7 退 6	**39.** 帅六平五	车 8 平 5
40. 帅五平四	马 6 退 8	**41.** 马四进二	马 8 退 6

红方认负。如接走马二退四,则马 6 进 7,马四进二,车 5 平 6,杀。

第112局　后患不除心病生

如图 2-61 是安徽高华与河北胡明以五六炮进七兵对反宫马进 7 卒弈至红方第 14 着后的棋局。

14. ……　　卒 5 进 1

乍看起来,黑方卒 5 进 1 是当然之着,无可非议,双卒拉手,中路厚实,但红七路兵过河,也使黑有后患,可考虑走象 5 进 3 去兵,红如车九平七,则象 3 进 5,马七退五,车 2 平 7,马五进三(如马五进四,则将 5 平 6,马四进三,马 3 进 5,

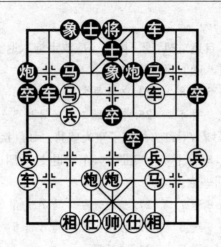

图 2 – 61

红得不偿失),炮 6 进 1,马三退四(如车七进三,则马 7 进 5,红先损一子不合算),马 7 进 5,双方交换子力后,局面趋向平稳。

15. 炮六进四　车 2 退 1　**16.** 马七进九　车 2 平 1

17. 车九平八　卒 6 进 1　**18.** 炮六进二　马 3 退 1

19. 车八进六　象 5 进 3　**20.** 炮五平七　炮 6 平 3

21. 马三退五　　……

红方马退窝心,看似紧凑,实则黑 6 路卒可乘机前进两步进入九宫,对红方构成威胁。应改走炮七进五,以下车 1 平 3,仕四进五,象 3 退 5,相三进五,车 3 进 4,炮六平九,卒 6 平 7,马三退四,红方多子占优。

21. ……　卒 6 进 1　**22.** 炮七进五　车 1 平 3

23. 马五进六　卒 6 进 1　**24.** 马六进五　车 7 平 6

25. 仕六进五　象 3 退 1

黑方退象缓着,错失良机。应改走车 3 平 5,红如马五进七,则车 5 平 4,炮六平九(若车八平九,则卒 5 平 4,车九退二,车 4 平 6),车 4 平 6,黑有强大攻势。

26. 车三平七　车 3 平 5　**27.** 炮六平九　　……

红方弃马取得强大攻势,胜利在望。

27. ……　车 5 进 2　**28.** 车七进三　车 6 进 4

黑如改走卒 6 进 1,则仕五退四,卒 5 平 4,相七进五,车 6 进 8,炮九进一,必抽一车胜;黑方再如走车 5 平 2,则红车七退一,车 2 退 3,车七平八,士 5 进 4,炮九进一,士 4 进 5,炮九平四,得车胜定。

29. 车七退二　······

正着！红方如改走炮九进一,则将5平6,车七退二,将6进1,车七平三,卒6进1,仕五退四,车6进5,帅五进一,车6退1,帅五退一,卒5平6,帅五平六,车5平4,帅六平五,车6平4,黑胜。

29.	······ 将5平6	**30.** 车七平三	卒6进1
31.	仕五退四 车6进5	**32.** 帅五进一	车6退1
33.	帅五退一 卒5平6	**34.** 帅五平六	车6进1
35.	帅六进一 车5平4	**36.** 帅六平五	车4进5
37.	车三进二 将6进1	**38.** 车八平五	

红胜。

第113局　一招不慎遭败绩

如图2-62是沈阳金松与沈阳苗永鹏以中炮过河车对屏风马平炮兑车弈至红方第17着后的棋局。

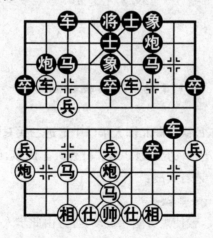

图 2-62

17. ······　炮2退1

黑方如改走车3平2,则兵七进一,炮2平1,车八进三,马3退2,炮五进四,红方多兵略优。

18. 兵七进一　马3退1

黑方如改走马3退4,则车八退二,车8平2,马七进八,红方优势。

19. 车八平九　炮2进5　　**20.** 炮五进四　马7进8

21. 车四平三　马8退9　　**22.** 车三平四　车8平3

23. 炮五退二　炮2平3　　**24.** 相七进五　车3退1

25. 炮五平九　炮3退3　　**26.** 炮九进四　炮7平1

黑方随手之着,造成失子,应改走炮3进4打马,虽落后手,但尚可周旋。

27. 马七进八　前车平2　　**28.** 车九平七　车3进3

29. 车四平七　炮1进6　　**30.** 马八退九　　……

红方巧妙得子,胜局已定。

30. ……　　车2进3　　**31.** 相五退七　卒9进1

32. 马五进六　车2退1　　**33.** 车七退三　车2退2

34. 兵五进一　马9进8　　**35.** 马六进五　马8退6

36. 车七平三　马6进5　　**37.** 车三平五　车2平5

38. 马九进七　　……

红先弃后取,战术运用灵活得当。

38. ……　　车5平3　　**39.** 马七进五　车3平5

40. 兵九进一　士5进4　　**41.** 车五退一

红方多子胜定。

第114局　小兵轻动制顽敌

如图2-63是广东吕钦与湖北柳大华以中炮进三兵对屏风马进3卒弈至第14回合后的棋局。黑方下一步有炮9退2打死红车的棋,红方如何应对呢?黑方的突破口在哪里呢?请看实战:

15. 兵七进一!　……

红方轻动一步小兵,顿使黑方陷入被动,红方由此步入佳境。

15. ……　　炮9退2

黑如走卒3进1,则炮七进七,象5退3,车三进一,炮9进4,马三进一,车8进5,炮五平七,卒3平2,车三平七,红方大占优势。

16. 兵七进一　车8进1　　**17.** 炮五进四!　马7进5

18. 车三平五　车8进2　　**19.** 车五平九　车6进8

20. 仕六进五　卒1进1　　**21.** 车九退二　炮9平7

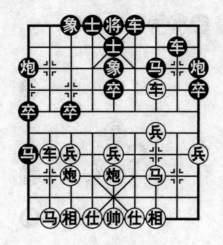

图 2-63

22. 相七进五　车 8 进 3　　**23.** 车九平四！车 6 平 7

24. 车八平九　炮 7 进 7　　**25.** 炮七退一　炮 7 进 2

26. 相五退三　车 7 进 1　　**27.** 车九退一　车 8 退 1

以上数着,红方连消带打,终于多得一子,为取胜奠定了物质基础。

28. 马八进六　炮 1 平 4　　**29.** 兵七进一　炮 4 进 2

30. 马六进七

黑见自己少子且缺乏续攻手段,估计难以挽回败势,便主动认负。黑方如接走炮 4 平 5,则马七进六,车 8 退 3,车九平七,炮 5 平 8,马六进四,车 8 平 7,车七平二,炮 8 平 3,车二进七,象 5 退 7,炮七进三,象 3 进 5,炮七平五,炮 3 平 5,车二退四,炮 5 进 2,帅五平六,黑方难解红方马四进六的杀着。

第 115 局　马换兵行云流水

如图 2-64 是台北马仲威与四川孙浩宇在晋江市第四届"张瑞图杯"全国象棋个人公开赛上以中炮对河头堡垒布局战至第 31 回合时的中局形势。前面第 19 回合时,黑强行弃子,其后红方虽竭尽全力得回失子,但终被黑强大攻势破卫制胜。现轮黑方走子。

31. ……　　　　马 9 退 7　　**32.** 帅五进一　车 4 平 1

33. 车八平六　后车平 2

黑方平车砍炮解杀,是既定方针。

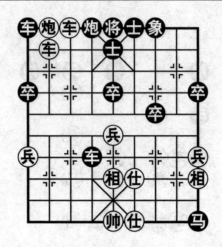

图 2 – 64

34. 车七平八　马7退9　　**35.** 车六平八　车1平8

36. 后车退七　车8平6　　**37.** 前车退六　车6进1

38. 相五退三　马9进7　　**39.** 后车进一　车6进2

红方自得回失子后,联霸王车强行兑车,企图形成有车杀无车,极力防守。黑方乘机连杀红双仕一相,消灭红方的防御力量,红势已危。

40. 后车平三　车6平7　　**41.** 车八平三　车7平5

42. 帅五平四　马7进9　　**43.** 后车退二　车5退4

黑方以马换兵,算准可以直接取胜,比兑车赢得快,好棋!

44. 后车平一　车5平6　　**45.** 帅四平五　炮4进2

46. 车三平六　车6平5　　**47.** 帅五平四　炮4平5

48. 车六平四　炮5平6　　**49.** 车四平六　炮6退1

至此,红方投子认负。